한 문장이라도
제대로 쓰는 법

KI신서 10629
한 문장이라도 제대로 쓰는 법

1판 1쇄 발행 2023년 2월 1일
1판 2쇄 발행 2023년 12월 29일

지은이 이연정
펴낸이 김영곤
펴낸곳 (주)북이십일 21세기북스

콘텐츠개발본부 이사 정지은
인문기획팀장 양으녕 **인문기획팀** 이지연 정민기 서진교 노재은
교정교열 김찬성
디자인 studio forb
출판마케팅영업본부장 한충희
마케팅1팀 남정한 한경화 김신우 강효원
마케팅2팀 나은경 정유진 박보미 백다희 이민재
출판영업팀 최명열 김다운 김도연
e-커머스팀 장철용 권채영 전연우
제작팀 이영민 권경민

출판등록 2000년 5월 6일 제406-2003-061호
주소 (10881) 경기도 파주시 회동길 201(문발동)
대표전화 031-955-2100 **팩스** 031-955-2151 **이메일** book21@book21.co.kr

ⓒ 이연정, 2023
ISBN 978-89-509-2976-3 03700

(주)북이십일 경계를 허무는 콘텐츠 리더

21세기북스 채널에서 도서 정보와 다양한 영상자료, 이벤트를 만나세요!
페이스북 facebook.com/jiinpill21 **포스트** post.naver.com/21c_editors
인스타그램 instagram.com/jiinpill21 **홈페이지** www.book21.com
유튜브 youtube.com/book21pub

당신의 일상을 빛내줄 탐나는 탐구 생활 〈탐탐〉
21세기북스 채널에서 취미생활자들을 위한 유익한 정보를 만나보세요!

이연정 지음

한 문장이라도 제대로 쓰는 법

비문을 쓰고도 모르는
당신을 위한
최소한의 글쓰기 법칙

21세기북스

글을 잘 쓰고 싶은 어른들을 위해

대학에서 학생들을 가르친 지도 어느덧 10년이 넘었다. 그간 학생들이 과제로 제출한 글을 보며 충격을 받은 것도 여러 번, 학생들의 글에는 생각하지도 못한 새로운 문제가 곳곳에 있었다. 그 경험을 토대로 나름 거창한 제목의 〈대학 신입생 글쓰기에 나타난 문장 오류 양상 분석〉이라는 논문을 쓰기도 했다. 어떻게 하면 학생들을 더 잘 가르칠 수 있을까를 고민한 결과였다.

논문은 뜻밖에도 온라인 커뮤니티에서 대학생들과 직장인들에게 많은 공감을 얻었고, 그 덕에 SBS 〈스브스 뉴스〉까지 출연하게 되었다. 유튜브에 올라온 인터뷰 영상은 조회수만 200만이고, 아래에 달린 댓글만 해도 수천 개다. 논문은 꽤 오랫동안 국내 학술 콘텐츠 제공 사이트인 디비피아DBpia 인문학 분야에서 검색 순위 1위를 차지했다!

이런 일들을 연달아 겪고, 〈스브스뉴스〉 영상 댓글을 하나하나 읽으며 요즘 MZ세대의 문해력에 대해 다시금 생각해 보게 되었다. 또 얼마나 많은 어른들이 글쓰기에 대해 진심으로 고민하고 있으며, 글을 잘 쓰고 싶어 하는지도 새삼 깨달았다. 그 생각은 결국 글쓰기 책 집필이라는 다소 무모한 도전으로 이어지게 되었다.

- 현직 국어 교사입니다. 요즘 애들 작문 실력 심각합니다.
- 사회생활하면서 국어의 중요성을 절실히 느낍니다.
- 읽고 이해하는 건 괜찮은데 글쓰기는 쉽지 않다는 걸 글 쓸 때마다 느낍니다.
- 이번에 작은 무역회사에 취업하게 되었는데 말을 한다는 것과 글을 쓴다는 게 얼마나 어려운지 새삼 느끼고 있습니다.
- 보고서 혹은 리포트 쓰는 법 모르면 사회 나와서도 좀 힘들다. 신입생들아 힘내렴.
- 정보를 받아들이는 것에만 익숙해진 시대에 정보를 풀어내는 훈련은 필수적이겠네요.

• 교수님이 댓글 보실지는 모르지만, 혹시 대학생들이 사회에 나가서 해야 하는 말과 글쓰기, 하지 말아야 할 말과 글쓰기, 같은 것들을 골라서 책 같은 거 써주시면 꼭 구입해서 보겠습니다.

여러 언어 능력 가운데 많은 사람들이 '글쓰기'에 관심을 가지는 이유는 무엇일까? 그리고 요즘 대학생들의 '글쓰기'는 어느 정도의 수준일까?

MZ세대의 문해력은 사실 어제오늘의 문제는 아니다. 학생들은 입시 공부를 위한 선다형 문제에 길든 채로, 갑자기 대학의 글쓰기 과제에 맞닥뜨린다. 그리고 제출된 글은 신선한 충격의 연속이다. 이제는 대학에서도 그 심각성을 인지하고 자체적으로 글쓰기 교육에 힘쓰기 시작했다. 서울대에서는 신입생들의 저조한 글쓰기 실력과 문해력을 개선하기 위해, 2017년부터 신입생을 대상으로 해마다 글쓰기 평가를 실시하고 있다.

실제로 한국교육과정평가원의 'OECD 국제 학업 성취도 평가Program for International Student Assessment, PISA' 연구 보고서에 따르면 한국 학생은 읽기 능력의 성취도가 낮고, 특히 복합적 텍스트 읽기에 어려움을 겪는다고 한다. 필요한 정보를 찾을 수 있을 만큼 문장을 이해했는지 평가하는 '축자적 의미 표상'의 정답률은 절반에 못 미치는

46.5%였다. 2009년에서 2018년 사이 15%나 떨어져 조사 대상 5개국 중 가장 큰 하락 폭을 보였다.[*]

요즘 대학생들의 정보 검색 실력은 다른 세대와 비교하면 가히 압도적이다. 마음은 20대라고 최면을 걸며 학생들 앞에 서지만, 피부로 느끼는 세대 차이는 해를 거듭할수록 커지기만 한다. 몇 번의 타자와 클릭으로 원하는 정보를 찾는 요즘에는 제대로 된 글을 쓸 기회도 그만큼 줄어들었다.

대학 신입생들에게 글쓰기를 가르치는 직업 특성상 학생들이 생산하는 새로운 글들을 수없이 많이 접한다. 이렇게 매 학기 차곡차곡 쌓여가는 수많은 문장들은 학생들의 표정만큼이나 다채롭다. 그중에는 눈을 비비고 다시 볼 정도로 군더더기 없이 깔끔하고 흠잡을 데 없는 문장도 있다. 하지만 어법을 철저히 무시한 문장, 기본적인 띄어쓰기와 맞춤법조차 엉망인 글도 넘쳐난다. 문장이 너무 길고 장황한 탓에 그 뜻을 헤아리지 못할 때면

[*]　김남영(2022.03.13.). 서울대, 신입생 1500명 글쓰기 평가⋯"문해력 키울 것". 한경닷컴. https://www.hankyung.com/society/article/2022031317111/

스스로를 질책하기도 하고, 평소 친구와 단톡방에서나 주고받을 법한 신기하고 자유분방한 표현 앞에서는 계속해서 국어사전을 뒤적이기도 한다.

이 책은 학생들이 쓴 다양한 문장들로 만들어졌다. 문장 하나하나 날것 그대로 담아내려 애썼고, 오류가 있는 문장들을 글쓰기 교수자의 관점에서 수정해 가는 과정을 가능한 친절하고 자세히 구현하고자 노력했다. 단순히 맞고 틀리고의 문제가 아니라 왜, 어떻게 그렇게 되었는지를 추적해 가는 과정 자체에 의미를 두고자 했다.

이 책 곳곳에 오류 예문으로 실린 문장들은 사실 '우리' 모두의 것이다. 자신의 약점을 마주하는 일은 늘 고통을 수반하지만, 그 예문들을 읽어가며 미처 깨닫지 못했던 자신의 모습을 마주할 수 있었으면 한다. 이후 지금까지의 삶에서 아직 수정하지 못했던 문장들을 재정비하게 된다면 더 이상 바랄 것이 없겠다.

이 책의 장점은 한두 시간이면 일독이 가능할 정도로 부담이 없다는 것이다. 처음부터 끝까지 순서대로 읽어도 좋지만 평소 취약한 부분부터 공략하는 것도 좋은 방법이다.

'처음부터 읽겠다'는 강박관념은 버려도 좋다. 이런 다짐은 책의 흥미를 떨어뜨릴 뿐만 아니라 완독을 방해하는 요소다. 우리 모두 수학 '정석'의 집합 부분만 마르고 닳도록 공부했던 경험이 있지 않은가. 목차에 연연하지 말고 내 수준에 맞게 자유롭게 읽어 나가기를 바란다. 그러면 지루하지 않게 빠른 속도로 일독하는 데 큰 도움이 될 것이다.

MZ세대의 문해력을 나에게 맡겨라! 이렇게 야심차게 시작했지만 중간중간 고비도 많았다. 평소에 즐겨 쓰던 스타일의 글이 아니어서 문체며, 표현이며 어색한 것 투성이었다. 어디로 가야 하는지, 이 길이 과연 맞는지…, '글쓰기 책'의 필자라는 사실이 민망할 때가 많았다.

그렇게 길을 잃고 방황할 때마다 아낌없는 조언과 격려를 보내주신 최유진 편집자님과 원고를 기다려주신 21세기북스의 관계자분들 덕분에 탈고의 기쁨을 누릴 수 있었다. 진심으로 감사드린다. 아울러 문해력에 대한 관심 하나로, 필자를 믿고 이 책을 선택해 주신 독자 여러분들과 부족한 강의를 열심히 들어주며 이 책의 모든 토대를 마련해 준 서원대학교 학생들에게도 사랑과 감사의 마음을 전하고 싶다.

TEST

글쓰기 불안감 검사

다음 질문을 읽고 1~5점 가운데 해당하는 점수를 선택하시오.[*]

매우 그렇다(1점) 그렇다(2점) 잘 모르겠다(3점)
그렇지 않다(4점) 전혀 그렇지 않다(5점)

① 나는 글쓰기를 피한다.
② 내가 쓴 글을 평가받는 일이 전혀 두렵지 않다.
③ 나의 생각을 글로 쓰는 것이 즐겁고 기대된다.
④ 나의 글이 평가받는 것이 두렵다.
⑤ 나에게 글쓰기 수업은 매우 두려운 경험이다.
⑥ 내가 쓴 글을 제출할 때 기분이 좋다.
⑦ 글을 쓰려고 하면 머릿속에 아무것도 떠오르지 않는다.
⑧ 나의 생각을 글로 표현하는 것은 시간 낭비.
⑨ 출판이나 평가를 목적으로 글을 제출하는 것을 좋아한다.
⑩ 나의 생각을 써내려 가는 것을 좋아한다.
⑪ 명확히 표현하는 능력에 대한 자신감이 있다.
⑫ 내가 쓴 글을 친구들이 읽어주면 기분이 좋다.
⑬ 글쓰기에 대해 부정적 감정이 든다.
⑭ 사람들은 내가 쓴 글을 즐기며 읽는다.
⑮ 나는 글쓰기를 즐긴다.

⑯ 나의 생각을 명확히 쓰기 어렵다.

⑰ 글쓰기는 매우 즐겁다.

⑱ 글쓰기 수업이 시작되기도 전부터 글을 잘 쓰지 못할 것 같다는 생각이 든다.

⑲ 나의 생각을 글로 표현하는 것이 기분 좋다.

⑳ 다른 사람들과 내가 쓴 글에 대해 의견을 주고받는 것은 즐거운 경험이다.

㉑ 글을 쓸 때, 나의 생각을 조직하는 것이 힘들고 괴롭다.

㉒ 내가 쓴 글은 제출해도 좋은 평가를 받지 못할 것을 안다.

㉓ 좋은 글을 쓰는 것은 쉬운 일이다.

㉔ 나는 다른 사람들만큼 글을 잘 쓰는 것 같지 않다.

㉕ 내가 쓴 글을 평가받는 것을 좋아하지 않는다.

㉖ 나는 글을 잘 쓰지 못한다.

진단 결과 확인

- 96점 이상
→ 글쓰기 불안감이 낮고 쓰기에 대한 자신감이 높은 편에 속함
- 64~95점
→ 평균 수준
- 63점 이하
→ 글쓰기 불안감이 높고 쓰기에 대한 자신감이 낮은 편에 속함

＊ 최숙기(2011). Rasch 평정척도 모형을 이용한 쓰기불안 척도 분석. 새국어교육 87, 273-300. 독자의 가독성을 위해 일부 수정 사용.

차례

──────── STEP 1 ────────

당신이 쓴 문장이 '틀린' 이유

문법에 맞는 글을 위한 NOT TO-DO LIST

─────── STEP 2 ───────

기본만 지켜도 완벽한 글쓰기 비법
오류 없는 글을 위한 TO-DO LIST

STEP 3

모양이 비슷해서
틀리기 쉬운 맞춤법 30

STEP 1

당신이 쓴 문장이
'틀린' 이유

문법에 맞는 글을 위한 <u>NOT</u> TO-DO LIST

한국어를
끝까지 읽어야 하는 이유

•

주어와 서술어는 반드시 일치시킨다

모든 문장은 글쓴이의 생각(메시지)을 담아낸 그릇이다. 이 말은 곧 생각을 의도대로 전달하는 것이 글쓰기의 핵심이라는 이야기다. 한국 사람이 모국어인 한국어로 글 쓰는 것이 어렵냐는 사람도 있겠지만, 제대로 된 문장을 쓰는 것은 생각보다 쉽지 않다.

문장은 갖추어야 할 최소한의 요건을 충족하지 못하면 의미가 불분명하거나 달라진다. 보기에는 멀쩡해도 문장으로서 역할을 하지 못하는 것이다. 생각이 꼬리에 꼬리를 물다 문장이 한없이 길어지며 횡설수설하거나, 대상도 주체도 없는 넋두리 같은 글을 쓰기 쉽다.

하나의 문장에는 하나의 생각이 담겨 있다. 그리고 생각은 문장 속에서 '주어'와 '서술어'로 표현된다. 한마디로 주어와 서술어는 글쓴이의 생각 그 자체다.

언어의 종류를 불문하고 서술어의 주체가 되는 말을 '주어'라고 하고, 주어의 행위나 상태를 풀이한 말을 '서술어'라고 한다. '바늘 가는 데 실 간다'는 말처럼 주어-서술어는 그만큼 떼려야 뗄 수 없는 관계다. 실만 있고 바늘이 없으면 바느질을 할 수 없듯이, 주어와 서술어 없이 문장은 이루어지지 않는다. 의도대로 문장을 잘 전달하기 위해 주어와 서술어의 관계는 그만큼 중요하다.

서술어는 문장 안에서 주어의 특정한 '행위(어찌하다), 상태(어떠하다), 존재(무엇이다)'를 나타낸다. 문장 안에서 주어와 서술어는 꼭 일치해야 하며, 서술어는 있는데 주어가 없거나 그 반대여도 곤란하다. 문장은 최소 하나 이상의 주어와 서술어로 이루어지며, 여러 개의 주어와 서술어를 사용하면 길고 다양한 문장도 만들 수 있다.

① 어찌하다-행위: 영희가 **공부한다.**
② 어떠하다-상태: 영희가 **착하다.**
③ 무엇이다-존재: 영희가 **학생이다.**

다음 문장들은 겉보기에는 주어와 서술어를 잘 갖춘 듯하지만 주어에 상응하는 서술어를 찾을 수 없거나 반대인 경우다. 앞뒤 문맥을 함께 제시하지는 않았지만, 하나의 독립된 문장으로 보아도 어쩐지 이상하다. 문장 본연의 맛과 의미는 살리되 빠진 주어나 서술어를 어떻게 보충할지 한 문장씩 고쳐보자. 주어와 서술어는 한 문장의 뼈대가 되는 핵심 성분인 만큼, 두 성분의 아귀가 잘 맞아야 문장도 잘 읽힌다.

> 내가 하고 싶은 게 **생기게 된 이유는 그 친구는 늘 하고 싶은 게 많은 애였다.**
>
> ⬇
>
> 내가 하고 싶은 게 **생긴 이유는** 늘 하고 싶은 게 많은 친구 덕분이다.

이 문장이 어색한 이유는 주어 부분을 풀이하는 서술어가 누락되었기 때문이다. 이때는 빠진 서술어를 문장 내용에 맞게 보충해야 한다. 일반적으로 '이유는'은 '때문(이다)'과 호응하며, 여기에서는 '때문이다' 대신 그에 상응하는 서술어인 '덕분이다'를 고려할 수 있다. 이처럼 간단한 호응만 점검해도 실수를 피할 수 있다.

내가 했던 **일은** 사무실에서 전화를 받고 상사에게 보고하고 부동산을 돌면서 홍보를 하며 설명드리는 것이 내 주된 **업무였다.**

⬇

내 **일은** 사무실에서 전화를 받고 상사에게 보고하거나 부동산을 돌면서 (업체를) 홍보하는 **것이었다.** / 사무실에서 전화를 받고 상사에게 보고하거나 부동산을 돌면서 홍보하는 것이 내 주된 업무였다.

'(내가 했던) 일은~업무였다'의 형태로 주어에 사용된 표현이 서술어에 그대로 반복되었다. 이 경우 주어와 서술어의 중복된 표현을 덜어내기만 해도 문장의 호응이 한결 자연스럽다. 주어를 가볍게 시작하고 서술 부분에서 대상을 상세히 풀이한다는 느낌으로 접근하면 쉽다.

힘든 인생을 살았을 성악가가 노래를 불렀을 때 울지는 않았지만 정말로 많은 생각을 하게 된 **노래였다.**

⬇

나는 힘든 인생을 살아온 그 성악가의 노래를 들으며 많은 생각을 **했다.**

문장이 필요로 하는 성분을 찾으려면 먼저 서술어부터

살펴야 한다. 이때 서술어만 길게 이어지고 서술어에 호응하는 대상이 보이지 않는다면 바로 주어가 생략된 것이다.

원래 문장을 보면 서술어 '노래였다'를 제외한 어디에서도 서술어를 가리키는 성분이나 관련 내용을 찾을 수 없다. 이 경우 서술어 '노래였다'에 어울리는 주어를 새로 보충해야 한다. 그리고 사용된 서술어 자체가 문장 내용과 맞지 않는다면 서술어 또한 수정해야 한다.

이 문장의 중심 내용은 '노래'가 아닌 '내가 노래를 들으며 생각한 행위' 그 자체다. 따라서 생략된 주어 '나는'을 복원하고 서술어 '생각했다'를 사용하면 문장이 더욱 자연스럽고 주어와 서술어도 잘 어울린다. 없어도 무방한 '울지는 않았지만' 부분은 과감히 삭제해도 좋다.

> **내가** 정체기를 극복하기 위한 **방법은** 태권도 말고 학교에서의 다른 활동이나 운동에 더 관심을 가져보려고 한 **것이다.**
>
> ⬇
>
> 나는 정체기를 극복하기 위해 태권도가 아닌 다른 활동에 관심을 가져보려고 했다.

주어와 서술어의 호응이 동문서답하듯 이어지지 않는 경우에는 둘 중 하나를 나머지 하나에 맞추는 방식이 적절하다. 이때는 수정의 기본 원리인 '최소 수정 원칙'에 맞추어 가급적 덜 고치는 쪽이 좋다. 원래 문장의 주어인 '내가 정체기를 극복하기 위한 방법은'을 간단히 '나는'으로 고치고, 기존의 주어 부분을 부사어 '정체기를 극복하기 위해'로 대체하면 문장이 한층 간결하게 재탄생한다.

어릴 적 나의 **일상은** 노는 것으로 시작해 노는 것으로 끝나는 **일상이었다.**

↓

어릴 적 나의 **일상은** 노는 것으로 시작해 노는 것으로 **끝났다.**

〈표준국어대사전〉에 따르면, **친구의 정의는** 가깝게 오래 사귄 사람이라고 **정의하고 있다.**

↓

〈표준국어대사전〉에 따르면, **친구란** 가깝게 오래 사귄 사람이라고 **정의하고 있다.**

서술어는 문장의 주어인 대상의 상태나 행위를 구체적으로 풀이한다. 따라서 둘 사이에 중복된 표현을 삭제하는 것은 간결한 문장을 쓰기 위해서도 중요하다.

'나의 일상은~일상이었다', '친구의 정의는~정의하고 있다' 문장은 주어에 사용된 표현이 서술어에도 반복된다. 앞선 '(내가 했던) 일은~업무였다'와 비슷한 유형이다. 주어 '어릴 적 나의 일상'을 기술하도록 서술어를 바꾸고, '친구란~정의하고 있다'와 같이 주어 부분에서 서술어와 중복된 표현을 삭제하는 방식으로 다듬을 수 있다.

이처럼 일반적으로 문장은 하나의 주어와 하나의 서술어를 갖는다. 이때는 단 하나뿐인 주어와 서술어가 글쓴이가 전달하려는 생각 그 자체다. 그만큼 주어와 서술어는 문장의 의미를 전달하는 핵심 역할을 한다.

그러나 앞서 이야기했듯이 주어와 서술어의 개수는 문장의 종류나 표현하고자 하는 내용에 따라 달라지기도 한다. 하나의 주어와 서술어만으로 충분히 의미가 전달되는 문장도 있지만, 여러 개의 주어와 서술어를 필요로 하는 문장도 있기 때문이다. 만약 한 문장에 주어와 서술어가 두 개 이상이라면 핵심 성분이 되는 주어와 서술어는 어떻게 파악할 수 있을까?

> 친구들과 좋았던 옛 기억이 떠올라 나의 마음을 괴롭혔고 그 친구들의 원망도 많이 했다.

보기에는 짧지만 꽤 복잡한 주술 관계로 얽힌 문장이다. 주어와 서술어는 모두 몇 개일까? 이를 파악하려면 주술 관계가 한 번씩 나타나도록 문장을 쪼개보면 좋다.

① (나는) 친구들과 (관계가) 좋았다.
② (나는) 옛 기억이 떠올랐다.
③ (그것이) 나의 마음을 괴롭혔다.
④ (나는) 그 친구들을 원망하기도 했다.

이 짧은 문장 속에 주어와 서술어가 네 쌍이나 들어 있다. 이 중에서 무엇이 핵심 주어이고 핵심 서술어일까?

이 문장에서 가장 중요한 서술어는 문장 맨 끝에 있는 '(원망도 많이) 했다'일 것이다. 그만큼 문장에서 제일 마지막에 놓이는 서술어는 중요하다. 한국말은 끝까지 들어보아야 한다는 말도 여기에서 비롯되었다.

그런데 서술어와 짝을 이루는 주어가 잘 보이지 않는다. 생략되었기 때문이다. 주어 생략은 한국어에서 자주 나타나는 대표적인 현상 중 하나다. 특히 '나'의 생각과 경험을 기술하는 에세이 같은 글에서 흔히 나타난다. 거의 대부분의 문장이 주어 '나'에 대한 기술이기 때문이다.

이런 한국어의 특성상 주어와 서술어가 여럿인 문장

에서는 글쓴이가 전달하고자 하는 메시지를 중심으로 주어와 서술어를 일목요연하게 정리하는 것이 중요하다. 만약 핵심 주어와 서술어만으로 문장을 작성하기 어렵다면 중심 메시지를 토대로 문장을 분리해 보자. 주어와 서술어가 복잡하게 얽힌 이전 문장보다 훨씬 깔끔하고 명확한 느낌이 들 것이다.

> 친구들과 좋았던 옛 기억이 떠올라 **나의 마음을 괴롭혔고 그 친구들의 원망도 많이 했다.**
>
> ⬇
>
> 나는 친구들과 좋았던 옛 기억이 떠올라 **마음이 괴로웠다.** 그래서 그 친구들을 원망하기도 했다.

　　주어와 서술어의 호응은 문법에 맞는 문장을 작성하는 기본이다. 아무리 짧은 문장도 주술 관계가 맞지 않으면 글쓴이의 의도를 파악하기 어렵고, 불필요한 오해를 불러올 수도 있다. 특히 한 문장이 서너 개가 넘는 주어와 서술어로 이루어진 경우, 이들을 제대로 통제하기는 쉽지 않다. 여러 개의 주어와 서술어를 잘 다스릴 자신이 없다면 차라리 적당한 길이로 문장을 쪼개는 것이 낫다. 영어와 달리 한국어에서 긴 문장은 미덕이 아니다.

Q. 한 문장에 주어와 서술어는 최대 몇 개가 적절한가요?

A. 사람마다 글을 쓰는 방식이 다르기 때문에 정확한 개수를 정하기는 어렵습니다. 다만 문장이 너무 길어지면 글쓴이조차 어떤 주어와 서술어를 사용했는지 잊어버릴 수 있어요. 그 정도는 피해야겠죠. 이를 기준으로 하면 주어, 서술어 각각 최대 두 개 정도라고 할 수 있습니다.

주어와 서술어가 많다는 건 그만큼 문장에서 챙겨야 할 게 많다는 의미이기도 하거든요. 문장을 길게 작성할수록 주어와 서술어 관계가 흐트러지거나 누락되기 쉽죠. 이런 글은 쓰는 사람과 읽는 사람 모두에게 부담스러워요. 가독성을 위해서라도 문장을 너무 길게 작성하는 습관은 고치는 게 좋습니다.

어딘지 어색하다면
어법이 틀렸을지도

•

말의 규칙에 맞는 문장 쓰기

좋은 문장의 기본은 무엇일까? 바로 '어법'에 맞는 문장이다. '어법'이라는 말이 다소 생소할 수도 있는데 흔히 이야기하는 '문법'과 의미상 다르지 않다. '문법'이란 '해당 언어를 사용하는 사람들에 의해 합의된 말 규칙'이라고 정의된다. 우리가 새로운 언어를 배울 때 고생하는 이유도 나라마다 말의 문법이 서로 달라 새로 배워야 하기 때문이다.

갑자기 '문법'의 정의를 이야기하니 거부감이 들 수 있지만, 겁먹지 말자. 한국어가 모국어라면 본능적으로 이해되는 부분도 있을 테니 말이다.

선생님은 내가 **의기소침하고 있을** 때마다 항상 격려해 주신다.

⬇

선생님은 내가 **의기소침할** 때마다 항상 격려해 주신다.

'–고 있다'는 '어떤 행동이 지금 진행되고 있음'을 뜻하는 표현이다. '먼저 회의를 진행하고 있겠습니다', '아이는 지금 방에서 공부하고 있다' 같은 예문처럼 '동사' 뒤에는 올 수 있지만 '예쁘다, 친절하다' 같은 형용사 뒤에 붙으면 틀린 문장이 된다. '철수는 시험 때문에 요즘 바쁘고 있다' 같은 문장이 어색하게 느껴지는 것도 바로 그런 이유에서다.

따라서 '기운이 없고 풀이 죽은 상태'를 뜻하는 형용사 '의기소침하다' 뒤에 '–고 있다'가 오는 것은 어법에 맞지 않는다. '–고 있다'를 뺀 문장으로 고쳐야 한다.

학창 시절의 경험과 도전이 **결실을 맺길** 노력할 것이다.

⬇

학창 시절의 경험과 도전이 **결실을 맺도록** 노력할 것이다.

일반적으로 문장이 문법에 맞는지 판단할 때는 문장의 기본 뼈대인 필수 성분을 중심으로 살펴보는 것이 좋다. 이때 서술어는 문장이 필요로 하는 성분을 찾기 위한 단서를 제공하므로 가장 먼저 살펴보아야 한다.

앞 문장에서는 '노력할 것이다'가 문장의 서술어를 이루고 있다. '노력하다'는 주어 하나만을 필수 성분으로 하는 자동사이기 때문에 목적어가 필요하지 않다. 따라서 서술어 '노력하다' 앞에는 '결실을 맺길(맺기를)'과 같은 목적어가 아닌 '부사어' 형태가 와야 한다. 목적어로 표현한 부분을 '결실을 맺기 위해' 또는 '결실을 맺도록'의 형태로 수정하는 것이 적절하다.

> 선생님이 나에게 맞는 **수업 방식을 해주셔서** 수업도 열심히 듣고 숙제도 꼬박꼬박 했다.
>
> ↓
>
> 선생님이 나에게 맞는 **방식으로 수업을 해주셔서** 수업도 열심히 듣고 숙제도 꼬박꼬박 했다.

'좋은 선생님' 혹은 '좋은 수업'을 판단하는 기준은 무엇일까? 바로 '자기 수준에 맞는' 수업 아닐까? 이 문장의 글쓴이도 아마 이와 비슷한 생각을 한 듯하다. 그런데 '선생님이 나에게 맞는 수업 방식을 해주셔서~'가 왜 이상하게 느껴질까? '선생님'이 하는 것은 '수업'이지 '수업 방식'이 아니기 때문이다. 그 대신 '나에게 맞는 방식으로 수업을 해주셔서' 또는 '나에게 맞는 수업 방식으로 가르쳐주셔서'로 고치는 것이 자연스럽다.

> **담임 선생님이 과학이어서** 자연스럽게 과학과 친해졌다.
>
> ⬇
>
> 담임 선생님이 **과학 선생님이어(셔)서** 자연스럽게 과학과 친해졌다.

'담임 선생님이(주어) 과학이어서(서술어)' 부분에 주목해 보자. '담임 선생님이 과학'이라는 표현은 '나는 짜장'이라는 문장의 구조와 크게 다르지 않다. 중식을 배달시킬 때 "나는 짜장"이라고 말했다고 '나=짜장'이라고 받아들이는 사람이 있을까? 당연히 '내가 주문하고 싶은 음식은 짜장면이다'라고 이해할 것이다. "나는 짜장(면 주문할게)"의 뒷말이 생략된 것으로 받아들이기 때문이다.

하지만 글은 다르다. 읽는 사람이 의도를 지레짐작하게 하는 문장은 잘 썼다고 할 수 없다. '담임 선생님이 과학' 또한 마찬가지다. 제대로 된 문장을 쓰기 위해서는 '담임 선생님이 가르치는 과목이 과학이다'의 의미를 명확히 해야 한다. 글은 글답게 표현하는 것이 좋다.

나는 중학교 여름방학 때 대학 **탐방을 가는 여행**을 신청했다.

↓

나는 중학교 여름방학 때 대학 **탐방**을 신청했다.

'탐방'이라는 단어에 주목해 보자. '탐방'이란 '(어떤 목적으로) 사람이나 장소를 찾아감'을 뜻하는 말로 단어 자체가 '가다'의 의미를 내포하고 있다. 그러니까 '탐방' 뒤에 '가다'를 쓰면 같은 의미가 중복된다. 문장의 '여행' 역시 '탐방'의 의미와 겹치므로 표현 중복을 막기 위해서라도 삭제하는 것이 좋다.

성공한 사람들을 보면 **아무런 고비** 없이 성공했을 것 같지만 실패를 거듭한 경우가 많다.

↓

성공한 사람들을 보면 **힘든 고비** 없이 성공했을 것 같지만 실패를 거듭한 경우가 많다.

누구나 살면서 한 번쯤은 어려운 시기를 겪기 마련이다. 이렇게 힘든 시기와 곧잘 어울려 쓰는 단어로 '고비'라는 표현이 있다. '고비'란 '일이 되어 가는 과정에서 가장 중요한 단계나 대목 또는 절정'을 뜻하는 명사다. 보통 '죽을 고비를 넘기다', '힘든 고비를 지나다' 등과 같은 형태로 쓰인다.

그러므로 '아무런 고비가 없다'는 말로는 문장의 의미가 충분히 전달되지 않는다. '고비'의 구체적인 대상을 밝혀 '어려운 고비' 또는 '힘든 고비'의 형태로 수정해야 문장의 의미가 비로소 명확해진다.

> 이 사람들과 평생 알고 지냈으면 **좋겠는 바람**이다.
>
> ↓
>
> 이 사람들과 평생 알고 지냈으면 **하는 바람이다.** / 이 사람들과 평생 알고 **지냈으면 좋겠다.**

명사 '바람'을 수식하는 관형어 '좋겠는'에서 어법상 문제가 드러난다. '바람'을 한 문장의 서술어로 쓸 때는 '이 돈이 부디 좋은 일에 쓰였으면 하는 바람이다'처럼 '-는 (것이) 바람이다(바람이 있다)' 형태로 써야 어법에 맞다. 따라서 '이 사람들과 평생 알고 지냈으면 하는 바람이다(바람이 있다)'라고 고치는 것이 좋다. 혹은 문장 자체에 이미 소망한다는 내용이 담겨 있으므로 '바람'을 빼고, '이 사람들과 평생 알고 지냈으면 좋겠다'로 고쳐도 문장이 훨씬 간결하다.

문장을 쓸 때 자주 틀리는 어법 중 하나인 '-아/어 주다'는 '다른 사람을 위해 어떤 행동을 하는 것'을 나타낼때 사용한다. '어머니는 내 생일에 미역국을 끓여주셨다', '나는 외국인에게 한국어를 가르쳐준 적이 있다', '죄송하지만 우체국 가는 길 좀 알려주시겠어요?' 등은 모두 '-아/어 주다'가 사용된 문장의 예다. '미역국을 끓이다', '한국어를 가르치다', '길을 알리다' 모두 상대방을 위한 행위라서 서술어에 자연스럽게 '-아/어 주다'가 붙는다.

참고로 본용언이 되는 동사나 형용사 뒤에서 부가적인 의미를 더하는 '주다'와 같은 용언을 보조용언이라고 하는데, 어법에 따라 두 용언은 붙여 쓰는 것도 가능하다. '끓여주다, 가르쳐주다, 알려주다'가 그 예다. 다소 어려운 내용일 수 있으니 여기에서는 이 정도만 알고 가자.

중요한 것은 '-아/어 주다'를 남발해서는 안 된다는 점이다. 서술어의 의미도 고려하지 않은 채 무조건적으로 높이기 위해, 또는 겸손하게 표현하기 위해 과용하다가는 도리어 어색한 문장이 되기 쉽다.

선생님이 권유해 주셔서 전국대회에 나가게 되었다.

⬇

선생님의 **권유로** 전국대회에 나가게 되었다.

'선생님은 나에게 법대 진학을 권유하셨다', '그는 나에게 새로운 사업에 도전해 보기를 권유했다'에서와 같이 '권유하다'는 '어떤 일을 하도록 하거나 타이르다'라는 뜻을 가진 동사다. '상대를 위한 행위'라는 의미가 단어 자체에 내포되어 있기 때문에 '권유하다' 뒤에 '-아/어 주다'가 오면 어색하게 느껴진다. 따라서 '권유하다' 뒤에는 '-아/어 주다'를 빼는 것이 문장의 흐름상 더 자연스럽다.

> 선생님은 대학에 가야 하는 이유를 알려주고 **설득해 주셨다.** 그래서 나는 입학을 결심하게 되었다.
>
> ↓
>
> 선생님의 **설득으로** 나는 대학 입학을 결심하게 되었다. / 선생님은 대학에 입학하도록 나를 **설득하셨다.**

'설득하다'는 '상대가 (우리 측의) 이야기를 따르도록 깨우치며 말하는 행위'로 '아버지는 아들에게 용기를 낼 것을 설득하셨다', '경찰이 가출한 아이를 설득해 집으로 돌려보냈다'와 같은 형태로 쓰인다. 이렇게 '설득하다'의 함축된 의미가 '-아/어 주다'의 뜻과 충돌하기 때문에 함께 쓰면 문장이 부자연스럽다. 이럴 때는 문장에서 단순히 '-아/어 주다'를 빼는 것만으로도 어색함이 해결된다. 문장에서도 과한 것은 부족한 것보다 못하다.

특정 연결어미 뒤에 과거 표현이 와서 틀린 문장이 되기도 한다. 연결어미는 서술어 기능을 하는 동사나 형용사를 다음 말에 연결하는 역할을 하는데, '보다'를 예로 들면, '보니', '보고', '보아(서)'에서 '-니', '-고', '-아(서)'에 해당한다. 이중 '-아/어(서)'는 전문 방송인들조차 과거 표현을 함께 붙이는 실수를 자주 범한다.

공부를 열심히 **했어서** 성적이 많이 올랐다.

↓

공부를 열심히 **해서** 성적이 많이 올랐다.

그 방이 너무 **좋았어서** 계속 거기에 묵고 싶었다.

↓

그 방이 너무 **좋아서** 계속 거기에 묵고 싶었다.

어릴 때 집이 잘 **살았어서** 갖고 싶은 건 뭐든지 가질 수 있었다.

↓

어릴 때 집이 잘 **살아서** 갖고 싶은 건 뭐든지 가질 수 있었다.

이유나 원인을 나타내는 연결어미 '-아/어(서)' 뒤에는 과거형이 올 수 없다. '공부를 열심히 했어서 성적이 많이 올랐다'는 '공부를 열심히 해서 성적이 많이 올랐다'로 고쳐야 어법에 맞는 문장이 된다. '어릴 때 집이 잘 살아서 갖고 싶은 건 뭐든지 가질 수 있었다'처럼 문장의 제일 끝에 놓인 서술어만 과거 시점으로 표현할 수 있다.

Q. 흔히 희망이나 소원을 뜻할 때 '바람'이라는 단어를 쓰는데요. '바램'
이 훨씬 더 자연스럽게 느껴져요. 말할 때도 그렇게 발음하는 경우가
많고요. '바람'은 어법에 틀린 건가요?

A. '나에게는 이루고 싶은 한 가지 [바람/바램]이 있다'라는 표현을 한 번
쯤 들어봤을 거예요. 입에 익은 표현은 아마 '바램'일 거고요. 하지만
'바램'은 '색이 변하다'라는 뜻을 가진 동사 '바래다'의 명사형일 뿐, '희
망'이나 '소원'과는 거리가 멀어요. '어떤 일이 이루어지거나 그렇게 되
었으면 하고 생각하다'라는 뜻의 '바라다'의 명사형은 '바람'이에요. 그
래서 '네가 행복하기를 바래'가 아니라 '네가 행복하기를 바라'가 어법
에 맞는 표현이에요.

마찬가지로 자주 사용하는 '정신이 혼란스럽다'는 뜻의 '헷갈리다'도
과거에는 '헛갈리다'만 표준어로 인정했어요. 그런데 규정된 표기보다
는 당시 비표준어였던 '헷갈리다'를 사용하는 사람들이 훨씬 많았죠.
결국 세월이 흘러 '헛갈리다'와 '헷갈리다' 둘 다 표준어로 인정받았어
요. 이 밖에도 복수 표준어 허용 사례는 많아요. 장담할 수는 없지만
'바램'도 언젠가 복수 표준어로 인정되는 날이 오지 않을까요? 실제
언어 사용을 이기는 규칙은 없으니까요.

아무것이나
높이지 마세요

•

"아메리카노 나오셨습니다"

높임말을 제대로 구사하려면 말하는 사람과 듣는 사람 사이의 관계, 그리고 지시하는 대상이 무엇인지 잘 고려해야 한다. 하지만 일상생활에서는 이런 점을 고려하지 않고 높임법을 무분별하게 잘못 사용하는 경우가 적지 않다. 특히 백화점이나 카페, 미용실 같은 서비스업에서 두드러지게 나타난다.

> 아이스 아메리카노 한 잔 **나오셨습니다.**
>
> 이 층에는 여자 화장실이 **없으십니다.**
>
> 모두 **3만 원 나오셨습니다.**

여기에 앉으실게요.

이쪽에서 기다리실게요.

'−ㄹ게'는 1인칭인 말하는 사람이 듣는 사람에게 어떤 행위에 대한 '약속'을 할 때 사용하는 종결어미로, 여기에 공손을 뜻하는 '−요'가 붙으면 '−ㄹ게요' 형태가 된다. 따라서 서술어에 종결어미 '−ㄹ게'가 쓰인 문장은 주어가 1인칭, '나'인 경우가 대부분이다. 주어가 2인칭이면 문장 자체가 성립하지 않기 때문이다.

그러면 앞선 문장들은 어떻게 바꿔야 할까? 그냥 간단히 "여기에 앉으세요", "이쪽에서 기다리세요"라고 하면 충분하다. 이미 어법을 틀리게 사용하고 '−시−'를 붙인다고 무조건 높임말이 되지는 않는다.

높임말에는 '말씀, 여쭈다, 모시다, 잡수다, 드리다, 병환, 연세, 성함' 등 고유한 '높임 표현'이 사용되는 경우가 많다. 그중 '여쭈다(여쭙다)'는 '웃어른에게 말씀을 올리다'라는 뜻의 동사로, '말하다, 묻다'에 공경의 의미가 더해 있기 때문에 듣는 사람이나 말의 대상이 '윗사람'인 경우에만 사용해야 한다. 높임말을 쓸 때는 질문과 대답의 주체 간에 상하 관계를 고려해야 하는 것이다.

① 질문의 주체: 나 〈 대답의 주체: 선생님

> 나는 선생님을 찾아가 언제까지 과제를 제출해야 하는지 **여쭤보았다.**

② 질문의 주체: 기자 = 대답의 주체: 가수

> 기자들은 그 가수에게 향후 콘서트 계획을 **물어보았다.**

③ 질문의 주체: 청중 〉 대답의 주체: 나

> 궁금한 것이 있으면 무엇이든 **물어보십시오.**

이를 바탕으로 다음 문장들을 살펴보자.

> 선생님께서 나를 따로 부르시더니 반장 할 생각이 없냐고 **여쭤보셨다.**
>
> ⬇
>
> 선생님께서 나를 따로 부르시더니 반장 할 생각이 없냐고 **물어보셨다.**

    이야기했듯이 서술어 '여쭈다'는 행위가 미치는 대상이 '윗사람'인 경우에만 사용할 수 있다. 즉 질문하는 사람이 대답하는 사람보다 지위나 연령이 낮은 경우에만 사용 가능하다. 만약 말하는 사람이 듣는 사람과 동등하거나 윗사람이라면 '여쭈다'가 아니라 '묻다'를 써야 한다. 그렇지 않으면 '선생님'이 오히려 '나(학생)'에게 말씀을 올리는 꼴이 되므로 높임법에 어긋난다. 따라서 '여쭤보다'가 아닌 '물어보다'로 고치는 것이 맞다.

발표를 마친 후 나는 청중을 향해 어떤 질문도 좋으니 **여쭤보라고 말했다.**

↓

발표를 마친 후 나는 청중을 향해 어떤 질문도 좋으니 **물어보라고 말했다.**

이 문장은 발표자가 발표를 마친 후 청중들에게 질문을 독려하는 장면을 보여준다. 그런데 발표자가 청중 앞에서 스스로를 높이고 있어서 어색한 느낌이 든다. 마찬가지로 서술어를 '여쭤보다' 대신 '물어보다'로 고쳐야 한다.

한편 '-아/어 드리다'는 '-아/어 주다'의 높임 표현으로, 도움을 받는 대상이 윗사람인 경우에 사용한다. 따라서 다음 문장의 경우, 정보 제공자인 '선생님'이 수혜자인 '우리(학생)'보다 지위가 높으므로 '-아/어 드리다' 대신 '-아/어 주다'를 사용해야 맞다.

선생님은 우리에게 진로에 대한 많은 정보들을 **전달해 드리며** 진로를 찾게 도와주셨다.

↓

선생님은 우리에게 진로에 대한 많은 정보들을 **전달해 주시며** 진로를 찾게 도와주셨다.

잘못된 높임법을 사용하는 현상은 과잉 친절과 공손을 요구하는 사람들 때문일 수 있다. 하지만 이유가 어찌되었든 거부감을 주는 것은 피할 수 없는 사실이다. '커피, 화장실, 돈'은 결코 높임의 대상이 될 수 없다. 아무리 비싸도 아메리카노 한 잔은 '나오실' 수 없고, 이 층에는 여자 화장실이 '없으실' 수 없으며, 3만 원은 '나오시지' 않는다. 높임 표현을 걷어내고 그저 담백하게 말하는 편이 어법에도 맞고 듣기에도 좋다.

아이스 아메리카노 한 잔 **나왔습니다**.

이 층에는 여자 화장실이 **없습니다**.

모두 **3만 원입니다**.

여기에 **앉으십시오/앉으세요**.

이쪽에서 **기다리십시오/기다리세요**.

말버릇
문장까지 간다

•

습관이 만드는 잘못된 조사 사용

높임말 외에도 우리의 머릿속을 복잡하게 하는 것은 또 있다. 바로 조사다. 조사는 '체언이나 부사, 어미 등에 붙어 문법적 관계'를 드러내주기 때문에 어떤 조사와 결합하는지에 따라 문장에서 단어의 역할은 달라진다. 따라서 단어가 문장에서 맡은 역할에 맞춰 적절한 조사를 선택하는 일은 좋은 문장을 쓰는 지름길이다.

문장에서 조사를 잘못 쓰는 경우의 대부분은 조사의 쓰임 자체를 구분하지 못해서가 아니다. 평소 말할 때 흔히 사용하던 조사 사용 습관이 글쓰기에 그대로 나타나기 때문이다.

동생은 점점 **학원을** 안 나가기 시작했다.

⬇

동생은 점점 **학원에** 안 나가기 시작했다.

나는 **고등학교를** 들어가면서 과학 특별반에 배정되었다.

⬇

나는 **고등학교에** 들어가면서 과학 특별반에 배정되었다.

성적이 별로 좋지 않아서 상업계열 **학교를** 들어갔다.

⬇

성적이 별로 좋지 않아서 상업계열 **학교에** 들어갔다.

나는 **집을** 들어가지 않고 나쁜 친구들과 어울렸다.

⬇

나는 **집에** 들어가지 않고 나쁜 친구들과 어울렸다.

친구들과 신나게 놀다 보니 벌써 **집** 갈 시간이 되어 있었다.

⬇

친구들과 신나게 놀다 보니 벌써 **집에** 갈 시간이 되어 있었다.

조사 '을/를'만 '에'로 바꿨는데 의미가 명확해졌다.

이번에는 조사 '와/과'를 살펴보자. 누가 제대로 못 쓸까 싶겠지만 이를 잘못 사용해 틀린 문장이 되는 경우도 많다. 잘 알다시피 '와/과'는 두 개 이상의 단어나 구句를 연결하는 접속조사다. 따라서 두 단어를 연결하기에 앞서 반드시 확인해야 할 몇 가지가 있다.

① 접속조사 '와/과'로 연결되는 두 명사(구)의 층위가 같은가
② 두 명사(구)가 문장 끝에 있는 서술어와 호응하는가

예를 들어 '개와 고양이, 자유와 평등, 오빠와 누이' 등은 동등한 층위 조건을 충족하므로 올바른 사용이다. 이렇게만 보면 전혀 어렵지 않아 보인다. 그러나 층위를 살피는 일은 생각보다 까다롭다. 이 두 가지 조건을 지키지 못해 생기는 잘못이 적지 않다.

SNS와 연예인을 관심 있게 보면서 세상을 넓은 시각으로 보게 되었다.

⬇

책과 영화에 관심을 가지면서 세상을 넓은 시각으로 보게 되었다.

두 개의 대상을 접속조사 '와/과'로 연결하려면 둘의 자격이나 범위(범주)의 층위가 동등해야 하는데 '와'로 연결된 'SNS'와 '연예인'은 그렇지 않다. 연예인에 관심을 가지면서 시각이 넓어졌다는 의미도 조금 이상하다. 연예인을 다른 말로 바꾸거나 둘 다 수정하는 것이 좋다.

부모님의 반대와 친했던 요리를 만나게 되니 나는 다시 요리를 하고 싶은 생각이 들었다.

↓

부모님이 진로를 반대하실 때 다시 요리를 만나게(접하게) 되었고, 요리 공부를 다시 시작하고 싶다는 생각이 들었다.

서술어 '만나다'의 대상인 '부모님의 반대'와 '친했던 요리'를 '와'로 연결했는데, '반대'와 '요리'는 층위가 다르기 때문에 접속조사를 사용할 수 없다. 이런 경우 무턱대고 접속조사를 써서 둘을 연결하기보다 의미 풀이가 필요한 대상을 먼저 풀어서 설명해야 한다.

한편 접속조사 '와/과'에 의한 것은 아니지만 두 명사(구)의 위계를 맞추어야 한다는 점에서 'A가 아니라 B' 형태로 된 문장도 주의해서 사용해야 한다.

유럽에 가보니 **콘크리트로 된 건물이 주가 아닌 오래된 건축물이** 많이 있었다.

↓

유럽에 가보니 **콘크리트로 된 현대식 건물이 아닌 돌로 된 오래된 건축물이** 주를 이루고 있었다.

두 개의 대상을 비교하거나 대조하는 경우, 각 대상이 명확히 드러나야 하며 비교하는 내용이 구체적이어야한다. 이 문장에서는 '콘크리트 건물'과 '오래된 건축물'을 비교하고 있지만 콘크리트는 건축 자재일 뿐, 낡고 오래된 것과 비교할 대상은 아니다. 따라서 '콘크리트로 된 현대식 건물'과 '돌로 된 오래된 건축물'로 수정해 위계를 맞추는 것이 훨씬 자연스럽고 의미도 정확하다.

조사 '의'의 과잉 사용도 조사 관련 문제를 이야기할 때 빼놓을 수 없다. 사용 자체가 틀린 것은 아니지만 '의'가 굳이 필요하지 않은 문장에도 과도하게 넣는 것은 분명 문제가 될 수 있다. 불필요한 조사 '의'를 삭제하거나 다른 조사로 바꾸는 것만으로 문장의 흐름은 훨씬 자연스러워진다. 조사 '의'가 문장을 푸는 만능열쇠인 양 남발하는 습관은 피하도록 하자.

나는 **무릎 부상의 치료를** 위해 휴식 기간을 가지기로 했다.

↓

나는 **무릎 부상을 치료하기** 위해 휴식 기간을 가지기로 했다.

책은 **우리의** 재미만 주는 것이 아니라 조언도 해주는 매체이다.

↓

책은 **우리에게** 재미만 주는 것이 아니라 조언도 해주는 매체이다.

기억에 남는 것은 **아버지의 진심의 말**이었다.

↓

기억에 남는 것은 **진심이 담긴 아버지의 말**이었다.

이 책은 니시와키 순지라는 **일본의 의사가** 직접 탄수화물을 끊는 식사법을 하면서 느낀 점을 쓴 책이다.

↓

이 책은 니시와키 순지라는 **일본 의사가** 직접 탄수화물을 끊는 식사법을 하면서 느낀 점을 쓴 책이다.

나의 인생에서 나의 운명을 바꾼 사건을 이야기하고자 한다.

↓

나의 인생(운명)을 바꾼 사건을 이야기하고자 한다.

관용적으로 쓰는 표현에서 조사를 잘못 사용한 경우도 있다. '역임하다'라는 단어는 '여러 직위를 두루 거쳐 지내다'라는 뜻을 가진 동사로, 보통 조사 '을/를'과 어울려 쓴다.

> 정부 요직**을 역임하다.**
>
> 그는 주요 관직**을 역임한** 매우 청렴한 사람이다.
>
> 김 선생은 신문사에서 편집국장, 주필 등**을 역임하면서** 많은 공을 세웠다.

따라서 '역임하다' 앞의 조사 '(으)로'를 '을/를'로 바꾸면 문장이 훨씬 더 명확하고 자연스럽다.

> 나는 3년 동안 동아리 **회장으로 역임했다.**
>
> ⬇
>
> 나는 3년 동안 동아리 **회장을 역임했다.**
>
> 그는 예산에 있는 한 고등학교 **이사장으로 역임하고** 있다.
>
> ⬇
>
> 그는 예산에 있는 한 고등학교 **이사장을 역임하고** 있다.

Q. '집에 가다'에서 조사 '에'를 생략하고 '집 가다'로 쓰는 것처럼, 조사
   를 쓰지 않는 사람들도 많은데요. 틀린 표현인가요?

A. '집 가다'와 같은 표현은 요즘 10대와 20대 사이에서 마치 바른 어법
   처럼 자리 잡고 있는데요. 사실은 방향 부사격 조사인 '에'가 누락된
   표현입니다. 엄격하게는 '집에 가다'로 쓰는 게 맞지만 '에'를 생략하고
   '집 가다'로 표현해도 어법이 틀렸다고 할 수는 없어요. 다만 말하기와
   달리, 쓰기에서는 불필요하게 줄여서 표현한다거나 조사를 생략하는
   등의 습관은 버리는 게 좋습니다.

문장은
말투에 지배당한다

•

홀로 설 수 없는 조사와 의존명사

혼자는 싫어! 너'뿐'이야!

말은 생각의 지배를 받고 글은 말의 지배를 받는다. 어떤 사람의 말투가 글에 반영되는 것은 아주 자연스러운 현상이다. 그런데 틀린 표현의 말을 자주 사용하는 사람이라면? 평소 말할 때와 마찬가지로 글을 쓸 때도 의심의 여지없이 같은 표현을 되풀이하기 쉽다.

'뿐'은 '그것만이고 더는 없음'을 뜻하는 '조사'다. 따라서 조사 '뿐'은 문장 맨 앞에서 홀로 쓰일 수 없다.

그는 어려서부터 밝고 긍정적인 기운으로 남을 웃기는 재주가 탁월했다. **뿐만 아니라** 예능에도 소질이 있어 춤도 잘 추고 기타리스트로도 활동했다.

↓

그는 어려서부터 밝고 긍정적인 기운으로 남을 웃기는 재주가 탁월했다. **그뿐만 아니라** 예능에도 소질이 있어 춤도 잘 추고 기타리스트로도 활동했다.

'뿐'과 같은 조사는 체언(명사, 대명사, 수사), 부사, 어미 뒤에서 문법 관계를 표시하거나 뜻을 도와주는 역할을 하는 품사다. 홀로 쓸 수 없는 가장 독립성이 낮은 품사인 것이다. 그러므로 조사 '뿐' 앞에는 체언, 부사어 등 무슨 말이든 반드시 와야 한다.

의미처럼 의존하는 명사 '때문'

'글을 읽으면 그 사람이 보인다'고 한다. 글쓴이를 모르고 읽었는데 읽다 보니 자연스럽게 누구의 글인지 짐작이 갔던 경험이 한 번쯤 있을 것이다. 여기에는 여러 가지 이유가 있겠지만, 글쓴이가 평소 즐겨 쓰는 특정 표현이나 문체 때문인 경우가 많다.

우리가 자주 쓰는 '때문'은 어떤 일의 원인이나 까닭을 의미하는 '의존명사'다. 독립적인 명사와 달리 '의존명사'는 다른 말의 도움을 받아야만 어법에 맞게 쓸 수 있다. 이름처럼 '의존적인 명사'인 셈이다.

> 그는 **빚 때문에** 고생을 했다.
>
> 일이 **많기 때문에** 시간을 낼 수가 없다.
>
> 내가 기쁜 것은 네가 **오기 때문이다.**
>
> 내가 시험을 잘 본 것은 운이 **좋았던 때문만은** 아니다.
>
> 선수 한 명이 **갈린 때문으로** 해서 이렇게 패배할 줄은 몰랐다.

이처럼 의존명사 앞에는 그것을 꾸며주는 다른 명사나 대명사, '-은/는, -던, -기' 따위의 활용형으로 된 관형어가 반드시 있어야 한다. 그러나 전문 기자들도 수식하는 말 없이 '때문'을 홀로 사용하는 실수를 흔하게 저지른다.

> 날씨가 따뜻해지면서 나들이객이 폭발적으로 증가하고 있다. **때문에** 방역 당국은 촉각을 곤두세우고 있다.

↓

날씨가 따뜻해지면서 나들이객이 폭발적으로 증가하고 있다. 그 **때문에** 방역 당국은 촉각을 곤두세우고 있다.

우리 교수님은 학생들이 지루하지 않게 재미있게 **강의하신다. 때 문에** 어려운 개념도 바로 이해가 된다.

↓

우리 교수님은 학생들이 지루하지 않게 재미있게 **강의하시기 때 문에** 어려운 개념도 바로 이해가 된다.

위의 문장을 번갈아 읽어도 아무런 문제를 찾을 수 없다면 말 습관을 점검할 필요가 있다. '때문'은 무엇에 의존하지 않고 문장에 홀로 사용할 수 없는 '의존명사' 다. 따라서 아무런 수식어 없이 문장 첫머리에 '때문에' 를 쓰는 것은 자연스러워 보이더라도 어법상 틀린 표현 이다.

'때문' 앞에 '이, 그' 같은 관형어를 추가해 수식해 주 거나 두 문장을 '-기 때문에'로 연결하는 방식으로 수정 해야 한다. 평소에 '때문에'나 '뿐'을 단독으로 사용하는 말투를 가지고 있다면 의식적으로라도 앞에 수식어를 넣 고 글을 쓸 때도 이 사실을 꼭 기억하자.

Q. 사전을 찾아보면 '뿐'이 조사로 쓰이기도 하고 의존명사로 쓰이기도 하던데, 문장에서 이 둘을 어떻게 구별하나요?

A. 이 둘은 형태가 같아도 각각 뜻이 달라요. '뿐'이 '그것만이고 더는 없음'을 뜻할 때는 조사로, '다만 어찌할 따름'이라는 의미를 나타낼 때는 '의존명사'로 사용된 거예요. 그래서 서로 놓이는 위치도 다르죠. '뿐'은 조사로 쓰일 때는 앞의 말과 붙어 있지만, 의존명사로 쓰일 때는 수식해 주는 말과 떨어져 있거든요.

그러니까 띄어쓰기를 틀리지 않으려면 그 문장에서 '뿐'이 어떤 의미로 사용되는지, 어디에 위치하는지 먼저 꼼꼼히 살펴야 해요. 체언이나 부사어는 주로 조사 '뿐' 앞에 오고요. '뿐' 앞에 '(으)ㄹ'로 시작하는 관형형이 온다면 '뿐'이 의존명사로 쓰였다고 보면 돼요.

① 조사 '뿐': 나에게 믿을 것은 오직 실력**뿐이다.**

② 의존명사 '뿐': 그런 이야기는 책에서 읽었을 **뿐이다.**

무심코 던진 표현에
문장은 망가진다

·

한국 사람도 국어사전을 보아야 하는 이유

틀린 줄도 모르고 계속 쓰는 어휘들

대학 과제에서 비교적 높은 점수를 받는 학생과 같은 보고서를 써도 회사에서 더 인정받는 직장인, 이들은 무엇이 다를까? 이들은 문맥에 맞는 풍부한 어휘를 바탕으로, 다양한 표현을 적재적소에 사용할 가능성이 크다. 그만큼 적절한 '어휘'를 선택하는 일은 유창한 글쓰기를 이야기할 때 빼놓을 수 없는 핵심이다.

좋은 문장을 쓰는 데 복잡하거나 거창한 기술이 필요한 것은 아니다. 그러나 문장에 딱 맞는 대체 불가한 표현을 골라 쓰는 능력은 글 쓰는 사람에게 필수적이다.

인생에 허망함을 느낄 때 뒤를 한 번 돌아보라.

↓

인생에 허무함을 느낄 때 뒤를 한 번 돌아보라. / 인생이 허무하다고 느낄 때 뒤를 한 번 돌아보라.

'허망하다'는 '거짓되고 망령되다', '어이없다'는 뜻으로 '허망한 죽음/말'과 같이 '죽다, 무너지다' 같은 뉘앙스의 표현과 함께 쓰이는 경우가 많다.

한편 '허무하다'는 '텅 비거나 무가치하고 무의미하게 느껴져 허전하고 쓸쓸함'의 뜻을 가진 형용사다. '일이 끝나거나 마무리되는 상황'과 잘 어울려 쓰인다. 가령 '경기에서 허무하게 지고 말았다', '그 드라마는 다소 허무하게 끝났다' 같은 예문에서도 쓰임을 찾아볼 수 있다. 따라서 맥락이나 문장의 의미를 고려해 '허망함'을 '허무함'으로 바꾸는 것이 자연스럽다.

허무맹랑한 삶을 보내고 있던 나에게 꿈을 꾸게 해준 것이 있다.

↓

허무한 삶을 보내고 있던 나를 꿈꾸게 해준 것이 있다.

'허무맹랑한 삶'과 '허무한 삶' 중에서 어느 것을 선택하는 것이 맞을까? 이번에도 역시 각각이 주로 결합하는 명사의 성격을 확인하는 것이 도움이 된다. '허무하다'는 '아무것도 없이 텅 빈 상태'를 뜻하는 형용사로 '인생, 죽음, 느낌' 따위의 명사와 결합해 쓰인다.

반면 '허무맹랑하다'는 '터무니없이 거짓되고 실속이 없음'을 뜻하는 형용사다. 주로 '허무맹랑한 이야기/소문'의 형태로 쓰인다. 이처럼 '허무하다'와 '허무맹랑하다'는 엄연히 다른 뜻으로, 반드시 구분해 사용해야 한다.

이것이 내가 5년간 **알바**를 하면서 배운 것들이다.

↓

이것이 내가 5년간 **아르바이트**를 하면서 배운 것들이다.

우리는 음식점 사장과 **알바**로 만났다.

↓

우리는 음식점 사장과 **아르바이트생**으로 만났다.

모든 문어(글말)체에서는 줄임 표현 사용을 지양하고 풀어서 쓰는 것을 원칙으로 한다. 굳이 풀어 쓰지 않아도 누구나 알 만한 단어라 해도 마찬가지다. 줄여 쓰는 것이 더 자연스러운 '알바' 같은 단어에도 동일한 원리를 적용한다. 이렇게 평상시에 줄임 표현이 더 익숙한 단어일수록 글을 쓸 때 더 유의해야 한다.

따라서 앞의 문장들은 줄임 표현을 풀어 '아르바이트'로 쓰거나, 의미를 고려해 '아르바이트를 하는 사람'이라는 뜻에 맞게 '아르바이트생'으로 적절하게 압축해 수정하면 된다.

나는 자존감이 낮아 내적갈등하였다.

⬇

나는 자존감이 낮아 **내적 갈등을 겪었다.** / 나는 자존감이 낮아 **내적으로 갈등했다.**

이 문장에는 어떤 오류가 숨어 있을까? 한 가지 힌트를 주면 '내적 갈등'이라는 표현과 관련이 있다.

'갈등하다'는 있어도 '내적갈등하다'라는 말은 사전에서 찾기 어려운데, 그 이유는 한 단어가 아니기 때문이다. 이런 경우에는 표현을 둘로 분리해 '내적으로 갈등하다'라고 표현하거나 '내적 갈등' 전체를 하나의 목적어로 삼고 뒤에 서술어 '겪다'를 붙이는 방법 등을 고려할 수 있다.

내 인생에 영향을 미친 사람들은 **이렇게 말하고도** 많은 사람들
이 있다.

⬇

내 인생에 영향을 미친 사람들은 **이외에도/이 밖에도** 여러 사람
들이 있다.

'이렇게 말하고도' 같은 다소 엉뚱한 표현은 구어(입
말)적 습관에서 온 것이다. 모든 구어 표현을 문어에서
제한해야 하는 것은 아니지만 글에서 사용하기에 부자연
스럽다거나 더 나은 표현이 있다면 사용하지 않는 편이
좋다. 여러 사람들을 나열한 뒤 또 다른 누군가를 소개하
고 싶다면 '이외에도/이 밖에도'를 사용하면 된다.

나는 원래 농부가 **하고** 싶었다.

⬇

나는 원래 농부가 **되고** 싶었다.

다양한 구어 상황에서는 '하다'가 수많은 동사를 대
체한다. 그런 면에서 '나는 원래 농부가 하고 싶었다'가
오히려 구어에 자연스러운 표현일지도 모른다. 그러나
수차례 이야기했듯이 글쓰기에서는 간편하고 익숙한 표

현보다는 명확한 표현을 골라 쓰는 것이 좋다. 따라서 문장의 의미에 더욱 충실하도록 '농부가 하고 싶다' 대신 '농부가 되고 싶다'로 바꿔주는 것이 좋다.

초고농도 비타민C가 암을 치료하는 데 도움이 된다고 한다.

↓

고함량 비타민C는 암을 치료하는 데 도움이 된다고 한다.

최근 건강에 대한 관심이 높아지면서 건강식품을 복용하는 사람들이 늘고 있다. 그중에는 한 알로도 일일 권장량을 섭취할 수 있을 만큼 비타민 C가 많이 포함된 약도 있는데, 이 문장은 그 점을 강조하고자 한 것 같다. 그러나 '물질이 어떤 성분을 포함하고 있는 분량'이라는 의미의 단어는 '농도'가 아닌 '함량'이다. 이 단어를 사용해 '고함량'으로 표현하는 것이 더 적절하다.

친구들이 나보다 우리 집 강아지를 더 좋아하는 것 같아 서운하기도 하지만 **수긍할 수밖에 없다.**

↓

친구들이 나보다 우리 집 강아지를 더 좋아하는 것 같아 서운하지만 **현실을 받아들일 수밖에 없다.**

이 문장이 어색하게 느껴지는 이유는 수긍의 대상이 옳고 그름을 판단할 만한 것이 아니기 때문이다. 단순히 친구들이 자신보다 강아지를 더 좋아하는 (슬픈) 현실을 '받아들인다'가 아닌 '수긍한다'로 표현하는 사람은 거의 없을 것이다.

이 문장이 틀린 이유는 또 있다. '수긍하다'는 '옳다고 인정하다'라는 의미의 '타동사'다. 그리고 타동사는 서술어로 쓸 때 반드시 목적어가 필요하다. '상대편의 판단을 순순히 수긍하다', '나는 동료들을 함부로 대하는 그의 태도를 도저히 수긍할 수 없었다', '오랜 설득에도 그녀는 끝내 사실을 수긍하려 들지 않았다' 등이 그 예다.

이처럼 '수긍하다'가 서술어로 쓰인 문장에서는 수긍의 '대상'이 되는 '목적어'가 반드시 존재한다. 그런 의미에서 앞 문장은 '수긍'의 대상이 누락되었을 뿐만 아니라 맥락상으로도 '수긍하다'보다는 '받아들이다'가 서술어로 더 적절하므로 고쳐야 한다.

운동은 맑은 정신과 자신감을 쥐여주었다.

↓

운동은 (나에게) 맑은 정신과 자신감을 **심어주었다/불어넣어 주었다.**

'쥐다'는 '물건을 손바닥에 들게 하거나 손가락 사이에 긴 채로 손가락을 오므려 힘 있게 잡는 행위'를 뜻하는 동사다. '쥐다'의 사동사는 '쥐이다'로 여기에 ' – 어 주다'가 결합하면 '쥐여주다'가 된다.

따라서 '쥐여주다'는 보통 '돈/쪽지를 쥐여주다'처럼 손으로 어떤 물리적인 힘을 직접 가하는 행위를 표현하기에 적절하며, '정신'이나 '자신감'처럼 추상적인 대상과는 어울리지 않는다. 따라서 '맑은 정신과 자신감을 심어주다', '맑은 정신과 자신감을 불어넣어 주다'로 수정하는 것이 적절하다.

지금까지 내가 **음치와 박치의 끝판왕**이라고 생각했는데 처음 들어보는 칭찬이었다.

⬇

지금까지 내가 **음치, 박치**라고 생각했는데 처음 들어보는 칭찬이었다.

'끝판왕'은 '가장 뛰어나고 대단한 사람이나 그런 대상'을 일컫는 말로, 〈표준국어대사전〉에는 등재되어 있지 않다. 즉 아직 표준어로서 인정받지 않은 단어라는 뜻이다.

'어떤 단어를 사용하든지 단어의 형태나 의미에 확신이 서지 않으면 꼭 국어사전을 찾아보라.' 대학에서 학생들을 가르치며 자주 하는 잔소리다. 사전을 자주 찾다 보면 개별 단어의 표기법과 띄어쓰기, 용례 등을 두루 확인할 수 있어서 단어 사용에서 생기는 실수를 최소화할 수 있다. 특히 사전에 정식으로 등재되지 않은 단어를 글쓰기에 사용하고 싶다면 살피고 또 살펴야 한다.

문장을 수정할 때는 말의 원래 의미를 고려해 가능한 기존의 뜻을 살리는 방향의 표현을 찾는 것이 좋다. 여기에서는 '음치, 박치'라는 단어 자체가 '음악과 박자 감각이 전혀 없는 상태'를 담고 있으므로 굳이 '끝판왕'이라는 표현은 문장에 노출하지 않아도 될 것 같다.

문맥에 맞는 적절한 단어를 선택하는 것은 좋은 문장으로 가는 첫걸음이다. 글을 쓸 때만이라도 좋으니 국어사전을 가까이하고 자신이 고른 어휘를 스스로 점검하는 습관을 가지는 것이 좋다. 단어의 명확한 의미를 알지 못한 채 문장을 작성하는 행위나 '대충 이 정도면 되겠지' 하는 마음가짐은 틀린 문장을 쓰는 지름길이다. 특히 '닮은 듯 다른 단어'인 유의어는 더욱 주의해서 사용해야 한다. 잘 골라 쓰지 않으면 이상한 문장이 되기 쉽다.

요리를 **빠른** 나이에 시작한 것은 아니지만 요리에 대한 열정만
큼은 남달랐다.

⬇

요리를 **이른** 나이에 시작한 것은 아니지만 요리에 대한 열정만
큼은 남달랐다.

잘 알다시피 '빠르다'는 '(어떤 결과가 나타나는 데) 걸
리는 시간이 짧음'을 뜻하는 말이다. '우리 아이는 또래
아이들보다 성장이 빠르다', '나이를 먹으니 세월이 빠르
게 느껴진다' 같은 문장에서 그 의미를 확인할 수 있다.

'빠르다'의 유의어 '이르다'는 '시기적으로 앞섬'을 뜻
하는 말로 '아직 포기하기에는 이르다', '올해는 예년보
다 첫눈이 이른 감이 있다' 같은 문장에서 자연스럽게
쓰인다. 여기에서도 '보통 사람들이 요리를 시작하는 시
기보다 앞섬'을 표현하려 했던 것으로 해석된다. 따라서
'이르다'를 사용해 수정하는 것이 문맥상 더 적절해 보인
다. '빠른 나이'가 아주 틀린 표현은 아니지만 더 나은 선
택지가 있다면 그것을 택하는 것이 좋다.

선생님께서는 내게 대학생이 되면 실컷 놀고 여유롭게 지내라고
당부하셨다.

선생님께서는 내게 대학생이 되면 실컷 놀고 여유롭게 지내라고
말씀하셨다.

'당부하다'는 '말로 단단히 부탁하다'라는 뜻으로 '어머니는 집을 떠나는 아들에게 몸조심할 것을 당부했다'처럼 신경 써야 하거나 주의해야 할 일들과 잘 어울린다. '협조를 당부하다', '열심히 일할 것을 당부하다'처럼 말이다.

그런 점에서 이 문장은 어색한 느낌을 지우기 어렵다. '실컷 노는 일'이나 '여유롭게 지내는 일'이 '당부'의 대상이 되고 있기 때문이다. 문장을 작성한 의도는 이해하지만 '당부하다'와 그 대상이 어울리지 않는다는 점은 부정하기 어렵다. 따라서 이런 경우에는 '당부하다'보다 그냥 '말하다'로 수정하는 것이 자연스럽다.

처음에는 사장님과 종업원 사이로 만났지만 지금은 부모님과 아들로 자리매김했다.

↓

처음에는 사장님과 종업원 사이로 만났지만 지금은 부모와 아들/자식처럼 **가까워졌다.**

'자리매김하다'는 '사회나 사람들의 인식에서 어느 정도의 고정된 위치를 차지함'을 뜻하는 동사다. '이 운동은 전 세계로 전파되었고, 철학의 한 분과로 자리매김하게 되었다'처럼 '-로 자리매김하다' 형태로 쓰인다.

　이 문장 또한 '아들로 자리매김했다'와 같이 사용된 형태는 일치한다. 그러나 의미상 맞지 않는 쓰임이다. '고용주-피고용주의 관계로 만났지만 부모-자식처럼 가까운 사이가 되었다'는 것으로 그 대상이 공식적인 인정을 받았다고 보기는 어렵다. 따라서 단순히 친밀한 관계임을 강조하는 표현으로 수정하는 것이 좋다.

고등학생 시절의 나는 꿈도 없고 진로도 불안정했다.

⬇

고등학생 시절의 나는 꿈도 없고 진로도 **불확실했다.**

　'불안정하다'는 '진정되지 않고 흔들리거나 변화하다'라는 뜻으로 주로 '가격, 관계, 생활, 자세' 등의 명사를 수식한다. 한편 '진로'는 '나아갈 길'이라는 뜻을 가진 말로, 학생들에게 나아갈 길이란 아마도 진학, 취업 등과 관련이 있을 것이다. 따라서 '나아갈 길'은 '불안정'보다는 '불확실'하다고 표현하는 것이 더 자연스럽다.

나는 친한 사람에게 장난을 많이 치고 **모질게** 구는 편이다.

↓

나는 친한 사람에게 장난을 많이 치고 **짓궂게** 구는 편이다.

'모질다'는 '마음씨가 몹시 매섭고 독하다'는 뜻의 형용사로 주로 '성격이 모질다', '마음을 모질게 먹다'와 같이 사용한다. 따라서 '모질게 굴다' 앞에 친한 사이에나 할 법한 '장난을 치다'라는 문장을 넣는 것은 매끄럽지 못하다.

이 경우 '모질다'보다는 의미상 더 적절한 '짓궂다'를 사용하는 것이 낫다. '짓궂다'는 '장난스럽게 남을 괴롭고 귀찮게 하여 달갑지 않다'는 뜻의 형용사로 '짓궂은 웃음/장난/질문' 등의 표현과 자주 결합한다. 따라서 이 문장에서도 '짓궂다'가 훨씬 잘 어울린다.

서울에서 어린 시절을 보내던 **도중** 중학교 2학년 때 대전으로 전학을 가게 되었다.

↓

서울에서 어린 시절을 보내던 **중** 중학교 2학년 때 대전으로 전학을 가게 되었다. / 서울에서 어린 시절을 **보내다가** 중학교 2학년 때 대전으로 전학을 가게 되었다.

'도중'은 '일이 계속되고 있는 과정이나 일의 중간'을 뜻하는 말로 강의나 근무, 회의처럼 비교적 '길지 않은 시간의 연속이나 일'과 함께 쓴다. 하지만 '서울에서 어린 시절을 보내던 도중'이 가리키는 구체적 시기는 '어린 시절'이다. '도중'으로 표현하기에는 그 시간이 다소 길고 방대하다. 게다가 언제부터 언제까지인지 지속 기간도 명확하지 않다.

또한 '도중'이라는 말 자체에는 '하던 일을 멈추고'의 뜻이 내포되어 있다. '나는 학교를 가는 도중에 친구를 만났다'처럼 특정 행위를 하는 데 시간이 그리 오래 걸리지 않거나 사건이 명료한 일에 쓰는 것이 자연스럽다. 따라서 그런 느낌이 비교적 덜 하고 '어떤 상태에 있음'을 의미하는 '중' 또는 연결어미 '-다가'를 쓰는 것이 좋다.

물론 '중'과 '도중'의 의미 차이가 생각보다 그렇게 명확한 것은 아니다. 다만 현실 언어에서 무엇이 더 자연스러운지는 직관에 의해 식별이 가능한 만큼, 더 나은 표현을 선택하는 데 조금 더 민감해질 필요가 있겠다.

친구가 나에게 같이 헬스를 하자고 권유했다.

↓

친구가 나에게 같이 헬스를 하자고 **제안했다.**

'선생님은 나에게 법대 진학을 권유하셨다' 같은 예문에서도 알 수 있듯이 '권유하다'는 '(상대에게) 어떤 일을 하도록 하다'의 뜻을 가진 동사다. 따라서 동사 '권유하다'를 써서 문장을 완성하려면 '친구가 나에게 헬스를 (해보라고) 권유했다'로 수정해야 더 자연스럽다. 비슷한 동사로 '권하다'가 있는데, 이 단어 역시 '상대가 어떤 일을 하도록 부추기다'라는 의미를 내포하고 있다.

그런데 앞 문장은 상대에게 '어떤 행위를 함께하자'고 의견을 제시하고 있다. 그러므로 '권유하다'나 '권하다'보다는 '제안하다'가 문맥상 잘 어울린다.

내가 들어갈 수 있는 대학은 거의 보이지 않았고 면접 전형으로도 **간당간당하게** 합격할 것 같았다.

↓

내가 들어갈 수 있는 대학은 거의 보이지 않았고 면접 전형으로도 **간신히** 합격할 것 같았다.

'간당간당'은 '얼마 남지 않게 된 상태'를 뜻하는 부사다. '기름이 간당간당하다', '숨이 간당간당 붙어 있다' 같은 문장에서 그 의미를 확인할 수 있다.

이 문장에서도 '간당간당'은 문맥상으로는 큰 문제가

없다. 하지만 단어 자체가 다소 점잖지 못한 느낌을 준다. 말할 때는 몰라도 글에 사용하기에는 다소 부담스러운 표현이다. 따라서 문장의 의미를 고려해 '간당간당' 대신 '가까스로'의 뜻을 가진 부사 '간신히'로 수정하는 것을 추천한다.

> 동료들과 오랫동안 함께 지내며 서로의 다른 부분을 **이해하게 되어 견문이 넓어지는** 계기가 되었다.
>
> ⬇
>
> 동료들과 오랫동안 함께 지내면서 서로의 다른 부분을 **이해하게 되었다.**

　흔히 여행이나 독서 등을 통해 견문이 넓어지는 체험을 한다고 말한다. 이처럼 '견문'은 '보거나 듣거나 하여 깨달아 얻은 지식'을 뜻하는 말로 주로 '견문을 넓히다'와 같은 형태로 쓰인다. 따라서 단지 친구와 함께 생활하는 것이 견문이 넓어지는 경험이었다고 하기에는 다소 억지스럽다. 문맥을 고려해 해당 표현은 빼고 '서로의 다른 부분을 이해하게 되었다'로 간결하게 수정하는 것이 낫다.

이것이 궁금했어요

Q. 글을 쓸 때 국어사전을 꼭 찾아봐야 하나요?

A. 문장을 작성할 때 가장 많이 틀리는 것이 바로 맞춤법입니다. 여기에
는 띄어쓰기도 포함돼요. 평소 맞춤법에 자신이 없거나 헷갈리는 표현
이 있다면 망설이지 말고 온라인 〈표준국어대사전〉을 검색해 보세요.
사전을 찾아보면 내가 쓰고자 하는 표현의 올바른 표기를 정확히 알
수 있고, 관련 예문도 볼 수 있어요. 다양한 쓰임을 보면 내가 선택한
단어가 적절한지, 용법이 적절한지 판단하는 데 큰 도움이 될 거예요.

Q. 두 개의 유의어 중 어떤 것을 선택해야 할지 뜻을 찾아봐도 애매할 때
가 있어요. 이럴 때 사용할 만한 방법이 있을까요?

A. 그럴 때는 반의어를 찾아보는 것을 추천해요. 가령 '빠르다'와 '이르
다' 중 한 가지를 고르기 힘들 때 두 단어의 반의어 '느리다'와 '늦다'를
각각 문장에 대응해 보는 거예요. 그러면 의외로 쉽게 문제가 풀려요.
'요리를 〔느린/늦은〕 나이에 시작한 것은 아니지만~'의 경우 둘 중 어
느 쪽이 더 자연스러운가요? '느린 나이'보다는 '늦은 나이'가 더 자연
스럽죠. 그러니까 이 문장에서는 '늦은'의 반의어 '이른'을 쓰는 게 적
절하다고 할 수 있어요.

입에 익은 관용어가 글에는 쓰다

좋은 글이란 무엇일까? 바로 전달하고자 하는 메시지가 명확히 드러난 글이다. 의미가 단번에 이해되는 글과 그렇지 않은 글은 문맥에 맞는 적절한 어휘를 사용했는지에 따라 판가름 난다. 따라서 좋은 글을 쓰기 위해서는 먼저 다양한 표현을 익혀야 한다.

그중에서도 관용어는 지역의 역사, 문화, 환경, 생활 습관과 밀접한 관련을 맺으며 형성되는 특수한 표현이다. 그런 만큼 관용 표현은 정확한 직관을 갖춰야 적재적소에 사용할 수 있다. 문맥에 맞게 적절히 사용한 관용어는 문장을 풍부하게 만들 뿐만 아니라 메시지도 더욱 명확히 전달하는 역할을 한다. 하지만 잘못 사용하면 그만큼 우스꽝스러운 글이 되기 쉬우므로, 익숙한 표현이라도 글을 쓸 때는 더욱 주의해야 한다.

> 사장님은 **안면식도 없는** 사람들에게 자신이 평생 개발한 레시피를 나누어주었다.
>
> ⬇
>
> 사장님은 **일면식도 없는** 사람들에게 자신이 평생 개발한 레시피를 나누어주었다.

'안면식'의 '안면顏面'은 '낯, 얼굴'을 뜻하는 말인데 점차 '서로 얼굴을 알 만한 사이'를 뜻하는 말로 확장되었다. 따라서 '서로 전혀 모르는 사이'를 표현하려면 '안면식이 없다'가 아닌 '안면이 없다'고 해야 옳다.

한편 '안면'과 더불어 쓰이는 말로 '일면식一面識'이 있다. '일면식'이란 한자 그대로 '서로 인사나 나눈 정도로 조금 앎'이라는 뜻을 가진 말로 '인사조차 나눈 적 없는 서로 모르는 사이'인 경우, '일면식도 없는 사이'로 표현한다. 결국 '안면이 없다'와 같은 뜻인 셈이다.

시작이 반이라는 말처럼 계획이 계속 미뤄졌다.

⬇

'작심삼일'이라고 계획은 계속 미뤄지기만 했다.

'시작이 반이다'는 '무슨 일이든 시작은 어렵지만 일단 시작하면 끝마치는 것은 어렵지 않다'는 뜻의 속담으로, 일의 진행 과정에서 '시작'의 중요성을 강조한 표현이다. 따라서 이 속담의 의미가 통하려면 일이 신속하게 진행되는 상황과 연결되어야 한다.

그러나 여기에서는 '계획이 계속 미뤄지는' 정반대의 상황과 함께 쓰이고 있다. 당연히 문장 자체가 어색하게 느껴진다. '시작이 반이다'라는 속담을 사용해 문장을 만들고자 한다면 이어지는 내용도 '벌써 일의 끝이 보이기 시작했다'가 되어야 한다. '계획이 계속 미뤄지는' 순조롭지 못한 상황에는 '사흘도 못 가 계획이 흐지부지됨'을 뜻하는 '작심삼일'이 더 잘 어울린다.

> 내 나이 열다섯. 이 **짧으면 짧은** 인생에서 많은 변화가 일어났다.
>
> ↓
>
> 내 나이 열다섯, **길다면 길고 짧다면 짧은** 인생에서 많은 변화가 일어났다.

길고 지루했던 시간도 일단 지나고 나면 먼 옛날처럼 멀고 아득하게 느껴지기 마련이다. '길다면 길고 짧다면 짧은'이라는 표현은 이를 나타내기에 아주 적당한 표현이다. 인생의 시간은 꽤 상대적이어서 어른의 관점에서 짧게 느껴지는 시간이 아이들에게는 무척 긴 시간일지도 모른다.

이 문장도 원래 그런 의미를 담고 싶었던 것으로 보인다. 길게 보면 한없이 길고 짧게 보면 한없이 짧은 시간, 표현의 생략된 부분을 모두 살려서 '길다면 길고 짧다면 짧은'으로 수정하면 훨씬 의미가 와 닿는다.

친한 친구에게 '너 정말 한심하다'라는 말을 듣고 **머리에 총 맞은 것처럼 띵했다.**

↓

친한 친구에게 '너 정말 한심하다'라는 말을 듣고 **머리를 한 대 얻어맞은 것처럼 정신이 번쩍 들었다.**

〈총 맞은 것처럼〉이라는 제목의 노래가 예전에 크게 인기를 얻은 적이 있다. 멜로디도 좋지만 이별의 아픔을 '총 맞은 상태'에 빗댄 강렬한 노래 제목과 가사가 대중의 인기에 한몫했다.

그런데 이런 익숙한 노래 제목이나 가사 때문에 잘못된 비유를 하는 경우도 적지 않다. '총 맞은 것처럼'은 극단적인 '아픔'을 표현한 비유다. 친구에게 "너 정말 한심하다"는 말을 들었을 때는 '정신이 번쩍 듦'을 의미하는 비유가 더 어울린다. '머리를 한 대 얻어맞은 것처럼' 등으로 표현해야 문맥에 맞다.

피가 하나도 통하지 않은 남이지만 나에게는 부모님과 다름없는 분이다.

↓

피 한 방울 안 섞인 남이지만 나에게는 부모님과 다름없는 분이다.

우리나라 속담에는 '피'를 활용한 표현이 적지 않다. '피는 물보다 진하다', '피 한 방울 안 섞이다', '찔러도 피 한 방울 안 난다' 등 모두 '피'를 활용한 속담이다.

이 문장에서는 '남'이라는 점을 강조하기 위해 속담을 활용했으나 오히려 효과는 반감되고 말았다. 게다가 잘못된 표현은 다소 괴기스럽기까지 하다. '피가 통하지 않으면' 목숨만 위태로울 뿐이다. '피가 하나도 통하지 않은'을 '피 한 방울 안 섞인'으로 수정해야만 완전한 '남'임을 적절하게 강조하는 문장이 된다.

부모님은 나를 **밑도 끝도 없는** 사랑으로 대해주셨다.

⬇

부모님은 나를 **한없는** 사랑으로 대해주셨다.

'밑도 끝도 없다'라는 말은 '밑도 끝도 없이 물어보다' 처럼 누군가 갑자기 뜬금없는 말을 꺼낼 때 주로 사용하는 표현이다. 앞뒤의 연관 관계없이 불쑥 말을 꺼내어 갑작스러울 때 혹은 핵심 의미에 대한 갈피를 잡을 수 없을 때 흔히 쓴다. 따라서 '끝을 알 수 없을 만큼 크고 깊은' 부모님의 사랑은 '밑도 끝도 없는'으로 수식할 수 없다. '다함이 없다'는 뜻의 '한없다'로 대체해야 한다.

Q. '관용 표현'이나 '속담'을 글쓰기에 자주 활용하는 것이 좋은가요?

A. 관용어나 속담이 포함된 문장은 다른 문장에 비해 다소 부각되는 경향이 있어요. 그래서 너무 자주 써도 자칫 어색할 수 있죠. 글의 서두와 마무리 부분에 한두 개 정도면 충분하다고 봐요. 관용어 사용에도 '과유불급'의 원리가 적용된다고 볼 수 있겠네요.

그리고 적당한 사용만큼이나 제대로 사용하는 것도 중요해요. 틀린 표현은 애초에 사용하지 않느니만 못하죠. 정확한 표현을 구사하기 위해서는 어떤 비유든 기억에만 의존해서 사용해서는 안 돼요. 틀린 표현을 아무 생각 없이 쓸 수 있거든요. 반드시 국어사전이나 검색 엔진을 통해 문맥에 맞는 표현인지 철저히 검증할 필요가 있어요.

이제 제발
그만 시켜!

·

문장을 부자연스럽게 만드는 사동과 피동

잦은 피동, 이중 피동, 사동 표현은 영어를 번역한 듯한 느낌을 주어 문장을 부자연스럽게 한다. 특히 '-시키다, -되다' 등을 사용한 사동과 피동 문장에서 잘못된 사용이 가장 잦은데, '-하다'가 와야 할 곳에 '-시키다'를 쓰거나 피동형에 다시 피동을 더해 '이중 피동문'을 만드는 것이다.

접미사 '-시키다'는 '(~을) ~게 하다'라는 뜻으로 가장 즐겨 쓰이는 사동 표현이다. 하지만 '-시키다'를 사용한 문장의 상당수는 본래 의도한 바를 벗어난 경우가 많다.

몇 가지 대표적인 예문을 살펴보자.

다시는 **거짓말시키지** 않겠다고 다짐했다.

↓

다시는 **거짓말하지** 않겠다고 다짐했다.

친구는 내게 좋은 사람을 **소개시켜** 주겠다고 약속했다.

↓

친구는 내게 좋은 사람을 **소개해** 주겠다고 약속했다.

근처 주차장에 차를 **주차시키고** 약속 장소로 갔다.

↓

근처 주차장에 차를 **주차하고** 약속 장소로 갔다.

나는 오랜 시간 방황을 하면서 부모님을 **걱정시켰다.**

↓

나는 오랜 시간 방황을 하면서 부모님께 **걱정을 끼쳤다.**

나는 자존감을 **성장시키고자** 노력하고 있다.

↓

나는 자존감을 **높이기 위해** 노력하고 있다.

나에게 새로운 꿈을 만들어주고 동기부여를 **시켜준** 세 명의 사
람을 소개하겠다.

⬇

나에게 새로운 꿈을 만들어주고 동기부여를 **해준** 세 명의 사람
을 소개하겠다.

나는 매일 영어 공부를 하여 영어 실력을 향상시켰다.

⬇

나는 매일 영어 공부를 하여 영어 실력을 **키웠다.**

　먼저 '거짓말시키다'부터 살펴보자. 표현의 본래 의
도는 '거짓말하다'가 맞지만 이 자리에 '-시키다'를 써서
'(상대를) 거짓말하게 만들다'의 의미가 되고 말았다. 문
장의 의미가 전혀 달라진 것이다.

　'소개시키다' 또는 '소개시켜 주다' 역시 '(상대를) 소
개하게 하다/만들다'가 되어 의미 자체가 어색하다. '소
개시켜 주다' 대신 '소개해 주다'라고 해야 정확한 표현
이다. 이 밖에 '부모님을 걱정시키다' 역시 '부모님을 걱
정하게 하다/만들다' 또는 '부모님께 걱정을 끼치다'로
수정하는 것이 더 적절하다.

　그래도 헷갈린다면 '-시키다' 자리에 '~을 하게 하다'

를 넣어보자. 어색하지 않다면 쓸 수 있다는 의미다. 물론 의미가 통한다고 '-시키다'를 기계적으로 다 대입해도 좋다는 말은 아니다. 문장에 보다 알맞은 표현이 무엇인지 조금 더 꼼꼼히 따져보는 습관을 가졌으면 한다.

사동만큼 피동 표현도 문장에서 자주 실수를 저지르는 부분이다. 피동을 만드는 방법은 크게 두 가지다.

① 동사+피동 접미사 '-이-, -히-, -리-, -기-'

　　　보다+'-이-' → 보이다

　　　잡다+'-히-' → 잡히다

　　　듣다+'-리-' → 들리다

　　　감다+'-기-' → 감기다

② 동사+'-아/어지다'

　　　지우다+'-아/어지다' → 지워지다

그러면 '이중 피동'은 어떤 모습을 하고 있을까? 이중 피동이란 위에 제시된 두 가지 피동 절차를 모두 거친 피동형이다. 예를 들자면 '보이다→보여지다, 잡히다→잡혀지다, 들리다→들려지다' 등이다. 이를 보고 딱 보아도 어색한 표현을 누가 쓰냐고 생각할지도 모른다. 그러면서 '나는 절대 이중 피동문은 안 만들 거야!'라고 자신할 수도 있다.

하지만 이중 피동은 워낙 습관적으로 사용하기 때문에 써놓고도 단순 피동으로 착각하기 쉽다. 자신의 문장이 '이중 피동문'인지 인식조차 못 하는 것이다. 이런 이중 피동 오류는 뉴스나 신문 기사에서도 자주 볼 수 있기 때문에 문제점을 바로 깨닫고 고치기는 더욱 어렵다.

하지만 이유를 불문하고 우리나라 문법상 이중 피동문은 틀린 문장이다. 피동을 강조하기 위한 목적의 이중 피동이라도 예외는 아니다. 그러므로 무의식중에 이중 피동 문장을 생산하지 않도록 유의해야 한다. 이런 실수는 이중 피동이 되기 쉬운 몇몇 단골 표현들만 피해도 훨씬 줄일 수 있다.

하나의 목표를 향해 다 같이 나아가는 모습이 **잊혀지지** 않는다.

⬇

하나의 목표를 향해 다 같이 나아가는 모습이 **잊히지** 않는다.

그분들이 남긴 재산이 우리 가족의 필요한 일에 **쓰여졌다.**

⬇

그분들이 남긴 재산이 우리 가족의 필요한 일에 **쓰였다.**

내가 아파서 학교에 결석한 사이에 벌써 팀이 **짜여졌다.**

⬇

내가 아파서 학교에 결석한 사이에 벌써 팀이 **짜였다.**

자신에게 **닥쳐진** 문제를 직시하고 올바른 판단을 할 수 있어야 한다.

⬇

자신에게 **닥친** 문제를 직시하고 올바른 판단을 할 수 있어야 한다.

그 작가의 작품에는 삶의 희로애락이 **보여진다.**

⬇

그 작가의 작품에는 삶의 희로애락이 **보인다.**

이중 피동의 가장 대표적인 형태에는 '잊혀지다, 쓰여지다, 짜여지다, 보여지다, 섞여지다' 등이 있다. 아무 생각 없이 쓰면 이중 피동이라고 인식하기도 어려운 대표적인 예들이다. 이 표현들을 '잊혀지다→잊히다, 쓰여지다→쓰이다, 짜여지다→짜이다, 보여지다→보이다, 섞여지다→섞이다'와 같이 '-아/어지다'가 결합되기 이전의 모습으로 되돌리면 비로소 이중 피동 문제에서 해방된다.

마지막으로 피동형이 불필요한 문장에 '되다'를 과잉 사용한 사례를 살펴보자. '-게 되다'는 주로 극적인 변화나 행위를 부각하기 위한 목적으로 사용하는 경우가 많다. 하지만 '-게 되다'가 반복되면 문장의 간결성이 떨어지고 내용도 부자연스럽다.

〈표준국어대사전〉에서는 '-게 되다'를 '피동의 보조 용언'이 아닌 '본용언'으로 다룬다. 용례를 살펴보더라도 '밥이 맛있게 되다', '기계가 못 쓰게 되다', '일이 깔끔하게 되다', '그 사람은 필연적으로 그 여자를 만나게 되어 있었다'와 같이 변화나 움직임을 표현하는 문장에 주로 쓰인다. 이처럼 '-게 되다'를 피동 표현으로 다룰 것인지의 여부는 여전히 학자들마다 견해차가 존재한다.

하지만 이 경우에도 '-게 되다'의 사용 횟수를 줄이거나 삭제하는 방식으로 고치면 문장의 의미가 더욱 명료해진다.

교회에서 한 친구를 **만나게 되었는데** 그 친구에게 내 과거 이야기를 **하게 되었다.**

⬇

교회에서 한 친구를 **만났는데** 그 친구에게 내 과거 이야기를 들려주었다.

요리를 다시 **만나게 되니** 새롭게 시작하고 싶다는 생각이 들었다.

⬇

요리를 **만나니** 다시 시작하고 싶다는 생각이 들었다.

힘들기는 했지만 모두가 함께 이뤄낸 일이기에 기억에 **남게 되었다.**

⬇

힘들기는 했지만 모두가 함께 이뤄낸 일이기에 기억에 **남는다.**

고등학생이 되고 나의 진로를 **찾게 되던** 중 한 형을 만났다.

⬇

고등학생이 되고 나의 진로를 **찾던** 중 한 형을 만났다.

나는 어릴 때부터 음식을 **좋아하게 되었고** 새로운 음식을 먹어 보는 것이나 만들어보는 것도 아주 좋아했다.

⬇

나는 어릴 때부터 음식을 **좋아했고,** 새로운 음식을 먹어보거나 만들어보는 것도 아주 좋아했다.

어느 날 학교 도서관에서 '당을 끊는 식사법'이라는 책을 **보게 되었고** 호기심이 들어 책을 **읽게 되었고** 이 책이 내가 살면서 처음으로 완독한 책이 되었다.

어느 날 학교 도서관에서 '당을 끊는 식사법'이라는 **책을 발견했고** 호기심에 읽어보았다. 그리고 **이 책은** 내가 살면서 처음으로 완독한 책이 되었다.

낯선 장소, 낯선 사람 등 내가 경험해 보지 않은 상황에 **처해지게 되면** 부정적인 감정들이 더 크게 다가온다.

낯선 장소, 낯선 사람 등 내가 경험해 보지 않은 상황에 **처하면** 부정적인 감정들이 더 크게 다가온다.

Q. '설레임'이라는 아이스크림 때문에 '설레임'을 '설레다'의 명사형으로 알고 써왔는데 알고 보니 틀린 표현이더라고요. 상품명이나 노래 제목은 어법에 맞지 않아도 상관없나요?

A. 제품명의 경우, '설레임'처럼 일부러 어법에 맞지 않게 짓는 경우가 많아요. '가을' 하면 생각나는 〈잊혀진 계절〉이라든가 〈잊혀진 것들〉, 〈잊혀지다〉 같은 노래 제목에도 이중 피동 오류가 보이죠. 어법대로라면 〈잊힌 계절〉, 〈잊힌 것들〉, 〈잊히다〉로 고쳐야 맞지만 노래 제목은 딱히 그런 제약이 없는 것 같아요. 문학에 시적 허용이 있는 것처럼 음악 또한 예술 창작물이기 때문이겠죠.

다만 일상에서 접하는 제품명이나 노래 제목 등을 받아들일 때 주의하는 태도는 필요해요. 자신도 모르는 사이에 잘못된 표현으로 말을 하거나 글을 쓸 수 있으니까요.

너무 세세하지 않게,
하지만 모호하지도 않게

·

한국어에 맞는 명확한 글쓰기

한국어에서 과거는 과거일 뿐이다

보통 지난 일을 회상하면서 글을 쓰면 무의식중에 과거
형에 이중 과거형까지 더하는 실수를 저지르고 만다. 그
중에서도 이중 과거형으로 주로 쓰이는 '-었/았던-, -았
었-/-었었-' 형태는 영어의 '대과거' 같은 개념이기 때
문에 한국어 시제에 사용하면 문장을 더욱 어색하게 만
든다.

　물론 이중 과거가 현재 시점과는 단절된 과거, 즉 과
거에 발생했고 지금은 더 이상 일어나지 않는 사건을 기

술하는 것은 맞다. 하지만 한국어는 과거, 현재, 미래 같은 단순 시제만으로도 단절된 과거 시점의 일을 충분히 묘사할 수 있다. 이중 과거를 단순 과거로 바꿔도 문장의 의미는 크게 달라지지 않을 뿐더러, 오히려 더 분명하고 뚜렷하게 바뀐다.

친구들도 **지쳤던** 것이 아닐까?

↓

친구들도 **지친** 것이 아닐까?

꿈에 **도전했던** 계기는 전국대회 덕분이다.

↓

꿈에 **도전한** 계기는 전국대회 덕분이다.

나는 **소심했던** 탓에 학교에 잘 적응하지 못했다.

↓

나는 **소심한** 탓에 학교에 잘 적응하지 못했다.

나의 운명을 **바꾸었던** 사건 세 가지를 이야기하고자 한다.

↓

나의 운명을 **바꾼** 사건 세 가지를 이야기하고자 한다.

학창 시절, 책을 읽으라고 강요를 **받았던** 기억

⬇

학창 시절, 책을 읽으라고 강요를 **받은** 기억

절대로 잊고 싶지 않은 사람이 된 것 **같았다.**

⬇

절대로 잊고 싶지 않은 사람이 된 것 **같다.**

선생님은 미래를 꿈꿀 수 **없었던** 나를 가장 많이 성장시켜 주신 분이다.

⬇

선생님은 미래를 꿈꿀 수 **없는/없던** 나를 가장 많이 성장시켜 주신 분이다.

내가 편안한 일을 하길 **바랐던** 부모님

⬇

내가 편안한 일을 하길 **바란/바라신** 부모님

그 친구는 초등학교 시절부터 나와 떨어져 본 적이 **없었다.**

⬇

그 친구는 초등학교 시절부터 나와 떨어져 본 적이 **없다.**

어두운 내 그늘을 거두어준 고마운 사람들로 인해 나는 **성장할 수 있었지 않았을까.**

⬇

어두운 내 그늘을 거두어준 고마운 사람들로 인해 나는 **성장한 것이 아닐까.**

배구, 배드민턴, 태권도 등 다양한 운동을 하며 어린 시절을 **보내 왔었다.**

⬇

배구, 배드민턴, 태권도 등 다양한 운동을 하며 어린 시절을 **보내 왔다.**

병원에서 진단을 받고 운동을 못 할지도 모른다는 생각을 하니까 **암울했었다.**

⬇

병원에서 진단을 받고 운동을 못 할지도 모른다는 생각을 하니까 **암울했다.**

이중 과거가 완전히 틀렸다는 것은 아니다. 과거에 발생했지만 더 이상 일어나지 않는 일을 기술하기 위해 '-었/았던-, -았었-/-었었-' 형태를 쓸 수 있다. 하지만 영어의 대과거 개념을 끼워 맞추듯이 한국어에 억지로 적용할 필요는 없다.

이중 과거 예문을 모두 단순 과거로 바꿔도 문장은 자연스러울 뿐만 아니라 의미도 더 명료하다. 다시 한 번 강조하지만 한국어의 시제 체계는 과거, 현재, 미래 뿐이다!

많아서도 없어서도 안 될 지시어

대학에서 글쓰기 강의를 할 때 학생들에게 내주는 첫 번째 과제가 에세이 쓰기다. 에세이는 자기만의 고유한 경험을 담은 글이기 때문에 다수의 실존 인물이 글에 등장하고는 한다. '친구 박○○이~', '나의 고3 담임이셨던 김○○ 선생님~'과 같이 글에 실명이 언급되거나 '이 친구, 그 친구, 이 사람, 그분'처럼 지시어를 빈번하게 사용하는 일도 많다.

결론부터 말해서 소설 같은 장르라든가 특별한 경우를 제외하고 글에서 실명을 언급하는 것은 그리 바람직하지 않다. 지시어 사용이 잦아도 글의 내용이 산만해 지기 쉽다.

유럽의 유명 관광지와 여러 대학을 방문하면서 **이때부터** 여행에 대한 꿈을 꾸기 시작했다.

⬇

유럽의 유명 관광지와 여러 대학을 **방문하면서부터** 여행에 대한 꿈을 꾸기 시작했다.

나는 **이때** 이후로 어떤 상황이든지 포기하지 않고 부딪혀 보는 용기를 갖게 되었다.

⬇

나는 **요리 대회** 이후로 어떤 상황이든지 포기하지 않고 부딪혀 보는 용기를 갖게 되었다.

다른 친구를 새로 사귀게 되었는데 나는 **그 애에게 이 이야기를** 들려 주었다.

⬇

나는 새로 사귄 **친구A에게 지난 여름에 있었던 이야기를** 들려주었다.

내가 **이런** 꿈에 도전한 계기는 2020년 10월에 있었던 전국기능 경기 때문이다.

⬇

> 내가 **요리사라는** 꿈에 도전한 계기는 2020년 10월에 있었던 전
> 국기능경기 때문이다.

　지시어를 빈번하게 사용하면 지시어가 가리키는 대상 자체가 모호해진다. 문장을 쓸 때는 지시어를 덜 사용하고, 지시 대상을 명확하게 밝히는 것이 좋다. 조금 번거롭더라도 지시어 대신 지시하는 대상을 풀어서 설명해 주는 것이다. 불필요한 지시어는 없애고, 지시어를 부득이 사용해야 할 때는 '지칭어'를 임의로 설정하는 것도 좋다.

그때 당시에 나는 운동도 하기 싫고 무기력해서 집에 누워만 있었다.

⬇

그 **당시에** 나는 운동도 하기 싫고 무기력해서 집에 누워만 있었다.

글쓰기 과제를 통해 저 요소들이 나에게 어떤 영향을 주었는지 설명하고자 한다.

⬇

글쓰기 과제를 통해 그 요소들이 나에게 어떤 영향을 주었는지 설명하고자 한다.

'당시'는 '일이 있었던 바로 그때' 또는 '이야기하고 있는 그 시기'를 뜻하므로, '그 당시, 사고 당시'의 형태처럼 쓰인다. 이미 '때'라는 의미를 포함하고 있기 때문에 '당시' 앞에 '때'를 덧붙일 필요는 없다. 또한 지시어를 바르게 선택하는 것도 중요한데, 문장 안에서 이미 언급된 사실을 다시 지시할 때는 '저'가 아닌 '그'를 사용해야 한다.

잘못된 문장 순서는 오해를 만든다

중의문이란 말 그대로 '뜻이 두 가지 이상으로 해석되는 문장'을 말한다. 중의문은 보통 '어순' 때문에 생기는데, 이때는 쉼표 같은 문장부호를 첨가해 어순을 다듬거나 문장성분의 위치를 바꾸는 것으로도 문제를 간단히 해결할 수 있다.

이 밖에 '수식어-피수식어'의 거리를 최대한 좁히는 것도 하나의 방법이다. '수식어'는 보통 '피수식어' 앞에서 꾸미는 역할을 한다. 그런데 만약 둘 사이에 다른 성분이 끼어들어서 서로 거리가 멀어지면, 수식어 가장 가까이에 있는 성분이 피수식어로 인식되고 만다.

단순히 성공한 사업가가 아닌 **부끄럽지 않은 누군가에게** 도움을
줄 수 있는 그런 사업가가 되고 싶다.

↓

단순히 성공한 사업가가 아닌 누군가에게 도움을 줄 수 있는 그
런 **부끄럽지 않은 사업가가** 되고 싶다.

　'부끄럽지 않은'은 문장 끝에 놓인 '사업가'를 꾸미
는 수식어다. 그런데 피수식어와 거리가 너무 멀어서 바
로 뒤에 있는 '누군가'를 수식하는 것처럼 보인다. 이렇
게 되면 문장이 전혀 다른 의미로 해석될 수 있다. 수식
어 '부끄럽지 않은'을 피수식어 '사업가' 앞으로 옮기는
것만으로도 문장의 중의성은 해소된다.

STEP 2

기본만 지켜도
완벽한 글쓰기 비법

오류 없는 글을 위한 TO-DO LIST

의미가 제대로
전달되지 않는다면

•

누락된 문장성분 점검하기

문장을 구성하는 기능적 단위인 '문장성분'은 필수적인 주성분과 부가적인 부속성분으로 나뉜다. 부속성분은 누락되어도 문장을 이해하는 데 큰 어려움이 없지만, 주성분은 문장에서 결코 없어서는 안 된다. 주성분이 누락된 글은 읽는 사람에게 온전한 의미로 전달되기 어렵다.

예를 들어 '날씨가 맑다', '동생이 귀엽다' 같은 문장은 그 자체로 의미가 꽉 찬 느낌이 드는 반면, '저는 요즘 읽어요', '오늘 오후에 가려고 해요' 같은 문장은 왠지 모르게 완성되지 않은 느낌이 든다. '읽다, 가다'는 주어 이외에 각각 목적어와 필수 부사어가 필요한 서술어이기 때문이다. 따라서 각각 목적어 '책을'과 필수 부사어 '명동에'를 보충해야 비로소 완전한 문장이 된다.

> 내가 어렸을 때부터 맞벌이를 하셨기 때문에 함께 시간을 보낼
> 기회가 없었고 시간이 흐를수록 점차 어색해져 갔다.
>
> ⬇
>
> 우리 부모님은 내가 어렸을 때부터 맞벌이를 하셨기 때문에 나
> 는 부모님과 함께 시간을 보낼 기회가 없었고 시간이 흐를수록
> (나와) 부모님과의 관계는 어색해져 갔다.

대학 신입생들에게 과제로 부과한 에세이에서 발견한 문장이다. 이 문장의 문제는 뼈대가 되는 필수 성분이 보이지 않는다는 점이다. '맞벌이를 하셨기 때문에'를 토대로 추측해 보면 문장에 전체 주어인 '우리 부모님'이 누락되었다는 것을 알 수 있다.

> 부모님의 반대에도 불구하고 들어간 특성화 고등학교의 첫 번째
> **담임 선생님이다.**
>
> ⬇
>
> 마지막으로 소개할 사람은 (내가) 부모님의 반대에도 불구하고
> 들어간 특성화 고등학교의 (나의) 첫 번째 **담임 선생님이다.**

이 문장 또한 주어가 누락된 예다. 서술어인 '담임 선생님이다'의 주체가 되는 말, 즉 '주어'가 빠져 있기 때문에 이 문장만으로는 '누가' 담임 선생님인지 파악하기 어렵다. 따라서 문장의 '주어'에 해당하는 '마지막으로 소개할 사람은'을 보충하는 방식으로 문장을 수정해 보았다. 그래도 의미가 명료하지 않은데, 이런 경우에는 문장 성분을 점검하고 맥락에 맞춰 전체적으로 다시 수정하는 것이 좋다.

> 그 친구 덕분에 **갈피를** 잡게 되어 미래에 대한 부담감을 조금 덜 수 있었다.
>
> ⬇
>
> 그 친구 덕분에 **진로에 대한 갈피를** 잡게 되어 미래에 대한 부담감을 조금 덜 수 있었다.

'갈피를 못 잡다'라는 말을 들어본 적 있을 것이다. 여기에서 '갈피'란 '일이나 사물의 갈래가 구별되는 경계점'을 뜻한다. '무엇'에 대한 갈피인지 충분한 부연 설명을 해주지 않으면 문장의 의미가 모호해진다. 이런 경우에는 '갈피'의 대상이 되는 부사어를 보충하는 방식으로 문장을 고치는 것이 좋다.

나에게 와닿았던 순간은 다음과 같다.

↓

나에게 **삶의 고통/어려움이 와닿았던** 순간은 다음과 같다.

다른 문장을 하나 더 살펴보자. '와닿다'는 '어떤 글이나 말, 음악 따위가 마음에 공감을 일으키다', '사실이나 경험 따위가 실감이 되다'라는 뜻의 동사로 '글, 말, 음악' 등과 같이 공감을 일으킨 구체적인 '대상'을 필요로 한다. '조 선생님의 말씀은 구구절절 내 마음에 와닿는다', '남자친구와의 이별로 힘든 나에게 그 음악은 크게 와닿았다' 같은 예문에서도 이 사실을 확인할 수 있다. 따라서 이 문장 역시 '와닿다'의 대상이 될 만한 구체적 성분을 제시하는 방식으로 수정해야 한다.

이렇듯 '주어, 목적어, 서술어, 보어, 필수 부사어' 등은 한 문장의 뼈대를 이루며 문장을 구성하는 필수 성분이다. 그리고 그중에서도 서술어는 문장의 필수 성분을 결정하는 중요한 역할을 한다. 서술어만 눈여겨보아도 문장이 어떤 필수 성분들로 채워질지 예측할 수 있다. 꼭 필요한 문장성분이 무엇인지 고민하며 대상을 명확하게 제시해 보자. 점차 명료한 문장을 쓸 수 있을 것이다.

Q. 한국어는 주어 생략이 자유로운 언어라고 알고 있는데요. 글에서 주어가 없는 게 왜 문제인가요?

A. 맞아요. 한국어는 비교적 주어가 잘 생략되는 언어에 속합니다. 하지만 주어 생략이 가능한 대부분은 굳이 주어를 노출하지 않아도 무방한 경우예요. 주어가 없는 듯하지만 결과적으로는 존재하는 거죠. 그리고 이런 현상은 전후 맥락이나 이야기의 배경을 알고 있는 사람들이 주고받는 대화에서 주로 나타나요.

하지만 글쓰기는 다릅니다. 글을 읽는 사람들은 글쓴이의 전후 사정을 알지 못할 가능성이 커요. 따라서 습관적으로 주어를 생략하지 않도록 주의해야 합니다. 특히 에세이는 자신의 이야기를 쓰기 때문에 나에게는 익숙하더라도 주어 생략이 허용되는 상황인지 잘 따져봐야 하죠. 확신이 서지 않는다면 글쓰기에서만큼은 주어를 꼭 챙겨서 사용하는 게 좋습니다.

문장의 길이가
세 줄 이상이라면

•

핵심 메시지 점검하기

글쓴이의 상념이나 성찰을 담은 자유로운 형식의 글일수록 자기중심적이 되기 쉽다. 생각이 생각을 낳으면서 문장을 한없이 늘리다 보면, 결국 횡설수설하거나 대상이 무엇인지 주체가 누구인지도 모르는 알맹이 없는 글이 된다. 그런 의미에서 가장 이상적인 문장이란 더 이상 뺄 것이 없는 상태라고 할 수 있다.

앞서 이야기했듯이 '하나의 문장'은 전달하고자 하는 '하나의 생각'을 담아야 한다. 한 문장에 너무 많은 메시지를 담으려는 욕심은 문장을 더 모호하게 할 뿐이다. 문장 하나하나가 명료해야 전체적인 글의 메시지도 잘 전달된다. 다음의 예문을 함께 보자.

> 첫 번째 위기가 지나가고 두 번째 대회를 다시 준비하는데 코로나로 대회가 계속 연기되면서 똑같은 요리를 몇 개월간 하면서 다시 흥미가 사라지려고 할 때 선생님께서 다른 대회를 준비해보자고 권유를 하셔서 처음으로 나의 첫 팀전 대회를 나가게 되었다.

의외로 이 정도의 긴 문장은 학생들의 글이 아니더라도 많은 글에서 아주 흔하게 발견할 수 있다. 전하고 싶은 이야기가 너무 많아 문장이 한없이 길어진 결과다. 심할 때는 한 문장의 분량이 예닐곱 줄을 넘는 글도 있다. 문제는 문장이 너무 길면 핵심 메시지를 파악하기 어렵다는 점이다.

이 문장에서 글쓴이가 전하고 싶은 단 하나의 메시지는 과연 무엇이었을까? 이 상태로는 단번에 파악하기 힘들다. 이렇게 문장의 핵심 내용을 찾기 어려울 때는 절節 단위로 끊어서 읽는 것이 도움이 된다. 다 알겠지만 절이란 주어와 서술어로 이루어졌으나 독립적으로는 쓰이지 못하는 문장 단위를 말한다.

> 첫 번째 위기가 지나가고 / 두 번째 대회를 다시 준비하는데 / 코
> 로나로 대회가 계속 연기되면서 / 똑같은 요리를 몇 개월간 하면
> 서 / 다시 흥미가 사라지려고 할 때 / 선생님께서 다른 대회를 준
> 비해 보자고 권유를 하셔서 / **처음으로 나의 첫 팀전 대회를 나가**
> **게 되었다.**

이 문장에는 전형적인 구어의 특징이 고스란히 담겨
있다. 구어에서는 사건 발생의 생생함을 살리기 위해 사
건의 발단부터 전개 과정 전체를 생략하지 않고 그대로
노출하는 경우가 많다. 이 문장의 전개 방식도 그와 아주
흡사하다.

이제부터는 절 단위로 나눈 문장을 토대로 문장의 핵
심 메시지를 하나하나 파악해 보자. 다음과 같이 대략 네
가지의 내용이 담겨 있다.

① 코로나 때문에 두 번째 요리 대회가 계속 연기되
    었다.
② 요리에 대한 흥미가 다시 사라지려 했다.
③ 마침 선생님께서 나에게 다른 대회에 나가보라고
    권유하셨다.
④ 내 생애 첫 팀 대항 요리 대회를 나가게 되었다.

그러면 이번에는 앞서 배운 '한 문장, 하나의 메시지 원칙'에 따라 네 개의 핵심 메시지로 원래 문장을 분리해 보자.

내가 준비하던 두 번째 요리 대회가 코로나로 계속 연기되었다. 이런 상황이 지속되면서 나는 요리에 대한 흥미가 떨어지기 시작했다. 그때 마침 선생님께서 나에게 다른 대회를 준비해 볼 것을 권유하셨다. 이 일을 계기로 나는 생애 처음으로 팀 요리 대회에 나가게 되었다.

기존의 내용을 토대로 다듬었기 때문에 네 개의 메시지를 모두 살리는 방향으로 수정했다. 그 때문에 다소 장황해 보일 수도 있는데, 이후 글쓴이가 보기에 불필요한 내용이나 군더더기는 과감하게 삭제하면 된다.

지금까지 긴 문장이 좋은 문장이라고 생각했다면, 그래서 그런 방식의 글쓰기를 지속해 왔다면 이번 기회에 좋은 문장의 기준을 새롭게 정립하자. 지나친 것은 모자란 것보다 못하다. '과유불급過猶不及'의 교훈은 글쓰기에도 어김없이 적용되는 삶의 훌륭한 지혜다.

익숙하지만
거슬리는 표현이 있다면

•

어색한 표현의 오남용 점검하기

나도 모르는 '것 같은' 내 마음

말을 할 때나 글을 쓸 때 '-것 같다'를 남발하는 습관은 세대를 막론한 고질적인 문제다. '기분이 좋은 것 같다', '심심한 것 같다', '아픈 것 같다', '예쁜 것 같다' 등 심지어 자신의 마음 상태나 감정조차 '-것 같다'를 써서 표현한다.

그중에는 왠지 조심스럽게 표현하는 듯한 느낌을 주기 위해 덧붙이는 경우도 분명 있을 것이다. 하지만 불확실성은 미덕도 아닐뿐더러 겸손한 느낌도 주지 않는다.

여기에서 결론짓자면, 이미 경험한 과거의 일을 서술하거나 자신의 감정을 표현할 때는 '-것 같다'를 쓰지 않는 것이 좋다. 어법뿐만 아니라 의미에도 맞지 않는 표현은 안 쓰느니만 못하다.

인생에서 최고로 열심히 **살았던 것 같다.**

⬇

인생에서 최고로 열심히 **살았다.**

지금까지 살면서 가장 학업에 **열중했던 것 같다.**

⬇

지금까지 살면서 가장 학업에 **열중했다.**

열정이란 무엇인지 제대로 알게 **해주었던 것 같다.**

⬇

열정이란 무엇인지 제대로 알게 **해주었다.**

그 친구 덕분에 무기력함에서 벗어나 진로를 찾는 발판이 **되었던 것 같다.**

⬇

그 친구 덕분에 무기력함에서 벗어나 진로를 찾는 발판이 **되었다.**

20년을 살았지만 살아온 인생 동안 내 삶에 가장 큰 영향을 준 것은 이 **세 가지였던 것 같다.**

↓

20년을 살았지만 살아온 인생 동안 내 삶에 가장 큰 영향을 준 것은 이 세 가지다.

'-것 같다'는 추측이나 불확실한 단정을 나타낼 때 사용하는 표현으로 '땅이 젖은 것을 보니 비가 온 것 같다', '내일은 눈이 올 것 같다' 같은 형태로 써야 가장 자연스럽다. 이미 '완료했거나 경험한 사실'을 기술할 때는 불확실성을 내포하는 표현은 과감히 삭제하는 편이 낫다. '살았던 것 같다', '되었던 것 같다', '세 가지였던 것 같다'보다는 '살았다', '되었다', '이(었)다'로 분명하고 간결하게 쓰는 것이 좋다.

'-에 있다'는 표현은 도대체 왜 있나

'-에 있어(서), -에 대해, -에 관해, -로 인해'는 다양한 글에서 심심치 않게 볼 수 있는 표현들이다. 특히 학술 단행본이나 논문, 공식적인 보고서 등에 더 빈번하게 나타나는데, 전반적으로 사용되는 표현이라기보다는 글의 성격이나 글쓴이 개인의 습관에 따라 사용되는 것으로 보인다.

하지만 개인적인 선호의 여부나 글의 종류를 떠나서 '-에 있어(서), -에 대해, -에 관해, -로 인해'는 좋은 표현이 아니다. 이런 표현을 사용한 문장은 번역체처럼 딱딱하게 느껴지고 의미도 두루뭉술하다. 반복해서 사용하지 않는 것이 좋다.

내 꿈을 향해 **도전함에 있어** 지치지 않고 매진할 수 있었다.

⬇

내 꿈을 향한 **도전에** 지치지 않고 매진할 수 있었다.

강점을 보완하는 것이 나에게 있어 더 좋은 선택이라고 생각한다.

⬇

강점을 보완하는 것이 **나에게** 더 좋은 선택이라고 생각한다.

나는 **진로에 관해** 불안하고 성격이 소심해서 학교에 잘 적응하지 못했다.

⬇

나는 **진로가** 불안하고 성격이 소심해서 학교에 잘 적응하지 못했다.

우리 부모님은 **자식에 대해** 헌신적인 분이셨다.

⬇

우리 부모님은 **자식에게** 헌신적인 분이셨다.

돌이켜 생각해 보면 내 **인생에 있어서** 최고로 열심히 살았던 것 같다.

⬇

돌이켜 생각해 보면 내 **인생에서** 최고로 열심히 살았다.

그 **결과로 인해** 운동에 많은 관심이 생겼다.

⬇

그 **결과로** 운동에 많은 관심이 생겼다.

우리는 **동아리로 인해** 인연을 맺었다.

⬇

우리는 **동아리로/동아리에서** 인연을 맺었다.

나는 이 **사건으로 인해서 요리에 대해서** 한층 성장하는 것을 느꼈다.

⬇

나는 이 **사건으로 요리 실력이** 한층 성장하는 것을 느꼈다.

인생의 절반 가까이를 레시피 만드는 **것에 대하여** 쏟아부었다.

⬇

인생의 절반 가까이를 레시피 만드는 **것에** 쏟아부었다.

'–에 있어(서), –에 대해, –에 관해, –로 인해' 부분만 수정해도 훨씬 명확한 문장으로 재탄생하는 것을 볼 수 있다. 문장을 늘어뜨리는 표현에 의존하지 말고 간결하게 작성하는 연습을 해보자. 적절한 조사를 활용해 표현하는 것도 좋은 방법이다.

문장에서 물리쳐야 하는 '–적'

'–적'은 명사(구) 뒤에서 '그 상태로 된, 그에 관계된, 그 성격을 띠는'의 의미를 더하는 접미사다. 뜻이나 형태가 중국어 '~的(~의)'과 유사한데 우리나라에서는 개화기 때부터 '–적' 사용 빈도가 크게 증가한 것으로 알려져 있다. '국가적, 기술적, 비교적, 일반적' 등 'N(명사)+적' 형태로 된 단어는 일일이 열거하기 힘들 정도다. 하지만 '–적'은 쓰지 않아도 의미 전달에 문제가 없거나 오히려 사용하지 않는 편이 나은 경우도 많다.

특히 '-적'은 그 자체가 한자어이기 때문에 '-적' 앞에는 반드시 한자어로 된 말이 와야 한다. 만약 그렇지 않다면 열에 아홉은 틀린 사용이라고 보아도 좋다. 다음의 문장을 보자.

이 책의 **중심적인** 내용은 연애 상담에 대한 것이다.

⬇

이 책의 **중심** 내용은 연애 상담에 대한 것이다.

암을 예방하려면 포도당과 **화학적 구조가** 비슷한 비타민C를 많이 섭취해야 한다.

⬇

암을 예방하려면 포도당과 **화학 구조가** 비슷한 비타민C를 많이 섭취해야 한다.

특히 독자의 마음을 끄는 글귀가 **중심적으로** 잡혀 있다.

⬇

특히 독자의 마음을 끄는 글귀를 **중심으로** 하고 있다.

위의 문장은 한자어에 '-적'이 붙은 형태를 보여준다. 앞서 설명했듯이 한국어는 '-적' 없이도 의미를 전하는

데 별로 큰 문제가 되지 않기 때문에, 오히려 '-적'을 사용한 경우가 사족蛇足같이 느껴진다. '중심 내용, 화학 구조' 등 '-적'을 뺀 문장이 훨씬 더 자연스럽다.

이 책은 **넌센스적인** 글귀로 독자에게 재미를 준다.

↓

이 책은 **평범하지 않은/엉뚱한/재미있는** 글귀로 독자에게 재미를 준다.

친구는 내가 **마음적으로** 지쳐 있을 때 많이 위로해 주었다.

↓

친구는 내가 **심적으로** 지쳐 있을 때 많이 위로해 주었다.

장난적인 댓글은 지양하는 것이 좋다.

↓

장난스러운 댓글은 지양하는 것이 좋다.

때로는 '-적' 앞에 '넌센스, 마음, 장난' 같은 한자어가 아닌 말이 오기도 하는데, 모두 틀린 문장이다. 이런 경우에는 '마음적' 대신 '심적'과 같이 '-적' 앞의 단어를 한자어로 교체해야 한다. 하지만 이 방법이 모든 단어에

통하는 것은 아니므로 상황에 맞는 방법을 미리 찾아 두어야 한다.

수정한 문장에서 볼 수 있듯이 결국 '-적'은 아예 사용하지 않는 것이 가장 자연스럽고 좋다. '-적'이 해당 문장에서 꼭 필요한지 다시 한번 확인하고 'N+적' 형태의 단어 사용을 남발하지 않도록 하자.

끊어진 문장도 줄줄이 엮는 연결어미

명사형 '-음, -기'의 과잉 사용은 문장을 어색하게 하는 주범이라고들 이야기한다. 따라서 좋은 문장을 쓰기 위해서는 이를 대체할 만한 다른 좋은 표현을 찾아 나서야 한다.

다행히도 한국어는 '연결어미'가 풍부하게 발달한 언어다. 연결어미는 말과 말을 이어주는 일을 책임지고 있다고 할 정도로, 이를 이용하면 앞뒤의 말을 논리적으로 연결할 수 있다. 여러 개의 문장을 복잡하게 줄줄이 엮어서 말하는 습관도 바로 연결어미가 있기에 가능하다. 그 종류도 무척 다양해서 연결어미만 잘 활용해도 생각을 더욱 풍성하게 잘 표현할 수 있다.

① 대등 연결어미: -고, -(으)며, -(으)나…

② 종속 연결어미: -면, -다가, -(으)니…

③ 보조 연결어미: -아/어, -게, -지…

말을 하거나 글을 쓰는 모든 상황에서 연결어미는 제 역할을 톡톡히 해낸다. 이처럼 연결어미가 다양하다 보니, 웬만한 문법 표현도 대체할 수 있다. 명사형 '-음, -기'를 활용한 표현 역시 연결어미로 대체했을 때 훨씬 자연스럽다. 평소 '-음, -기' 형태를 즐겨 사용한다면 눈여겨 읽어보기를 바란다.

> 즐겁게 요리를 하고 멋진 요리사의 꿈을 꾸고 **있음에** 감사하다.
>
> ↓
>
> 즐겁게 요리를 하고 멋진 요리사의 꿈을 꿀 수 **있어서** 감사하다.
>
> 우리에게 매일 일용할 양식을 **주심에** 감사합니다.
>
> ↓
>
> 우리에게 매일 일용할 양식을 **주셔서** 감사합니다.
>
> 지금부터 내 인생의 마음 **극복하기**이자 **성장하기**, 운명을 바꾼 세 가지 사건을 이야기하고자 한다.

지금부터 내 인생에서 마음을 **극복하고 나를 성장하게 한**, 운명을 바꾼 세 가지 사건을 이야기하고자 한다.

'-음, -기'로 표현된 부분을 '있음에→있어서, 주심에→주셔서, 극복하기→극복하고' 등으로 각각 '보조'나 '대등'의 연결어미로 대체하니 문장이 훨씬 자연스럽고 깔끔하다.

어머니는 집을 떠나는 아들에게 **몸조심하기를** 당부하셨다.

↓

어머니는 집을 떠나는 아들에게 **몸조심을** 당부하셨다.

나의 꿈을 향해 **도전함에 있어** 지치지 않는 체력의 원동력이 되었다.

↓

나의 꿈을 향해 **도전하는 데** 지치지 않는 체력의 원동력이 되었다.

좋은 판단을 **함은** 쉽지 않다.

↓

좋은 판단을 **하는 것은** 쉽지 않다. / 판단을 **잘하는 것은** 쉽지 않다.

역시 '‒음, ‒기' 대신 연결어미를 사용하니 더 나은 문장으로 바뀌었다. '몸조심'은 단어 자체가 본래의 의미를 충분히 담고 있으므로 '‒하기'를 없애고 '몸조심'만 남겨두는 것이 좋다. '도전함에 있어'는 그 자체로도 큰 문제는 없지만 '도전하는 데'로 수정해서 딱딱한 번역투의 느낌을 지웠다. 끝으로 '판단을 함은'이라는 표현은 '판단을 하는 것은'으로 수정하는 것이 문장 흐름상 자연스럽다.

이처럼 '‒음, ‒기'를 대체할 좋은 표현들은 생각보다 많다. 다양한 사례를 연습하면서 문장을 다듬는 능력과 안목을 키워보자.

외래어냐 순화어냐, 그것이 문제로다

외부로부터 전혀 새로운 개념이 유입되면 그 말이 유래한 지역의 언어나 사상도 함께 들어오기 마련이다. 이때 만들어지는 것이 바로 '외래어'다. 국어사전에서는 '외래어'를 글자 그대로 '외국에서 들어왔지만 한국(어)에 동화되어 마치 한국어처럼 쓰이는 단어'로 정의한다. 그래서인지 외래어는 외국어라는 생각이 잘 들지 않는다.

하지만 밖에서 들어온 말은 개념 자체가 존재하지 않는 경우가 많아 처음에는 무척 생소하다. '외래어'를 '차용어'라고 부르는 이유도 현지어로 적절하게 표현할 길이 없어서 원어 발음을 그대로 빌려 쓰기 때문이다. '아이스크림, 버스, 컴퓨터, 피아노' 같은 단어가 바로 외래어의 대표적 예다.

> 나의 첫 번째 **버킷리스트**는 직접 차를 운전해서 여행하는 것이다.

'버킷리스트bucket list'는 '죽기 전에 꼭 해보고 싶은 일을 정리한 목록'이라는 의미의 외래어다. 일상에서 흔히 사용하는 단어인 만큼 아마 많은 사람들이 이 말의 유래까지는 몰라도 뜻은 알 것이다. 국립국어원에서는 '버킷리스트' 대신 '소망 목록'으로 순화해 사용할 것을 권고하지만 과연 그렇게 사용하는 사람이 있을지는 의문이다. 아예 권고 자체를 모르는 사람이 더 많을 것이다.

국립국어원과 같이 국민들의 바른 언어생활을 주관하는 기관에서는 외래어 대신 사용할 수 있는 순화어를 작성하고 권장한다. 하지만 결국 무엇을 사용하느냐는 어디까지나 한국어를 사용하는 대중이 판단하고 결정할 문제다. 원뜻을 살리기 어렵다면 차용어라는 차선책을 택하는 것도 나쁘지 않다. 전 세계가 소통하고 있는 오늘날에는 새로운 개념의 외래어를 받아들이는 것 또한 하나의 문화 교류가 아닐까?

> **멘털**을 잡고 열심히 했지만 결과는 참혹했다.
> 다시 **마인드**를 잡으니 예전의 나태함과 나쁜 습관들이 서서히 사라지기 시작했다.

'멘털mental'이나 '마인드mind'처럼 요새 사람들이 즐겨 쓰는 말은 어떤가? 특히 '멘털'의 경우 '멘붕(멘털 붕괴)' 같은 신조어까지 만들어낼 정도로 과거에 큰 인기를 끌었고, '멘털이 나가다/무너지다/깨지다/털리다, 멘털 잡다, 멘털 갑, 유리 멘털' 같은 표현들이 추가로 생성되기도 했다.

그러나 '멘털'의 경우 대체할 만한 우리말이 충분히 많다. 아니 오히려 더 다채롭다. 멘털은 '생각, 정신, 마음, 판단' 따위로 순화할 수 있고 그렇게 했을 때 도리어 억지스럽지 않고 어감도 자연스럽다. 게다가 실생활에서는 〈외래어 표기법〉에 맞는 '멘털'도 아니고 '멘탈'이라는 발음으로 사용하니 여러 면에서 적절한 우리말로 대체하는 것이 더 좋아 보인다.

자취함으로써 스타트를 끊어내는 것이 앞으로의 내 인생에 도움
이 될 것이다.

↓

자취를 시작하는 것이 앞으로 내 인생에 도움이 될 것이다.

많은 사람들이 '시작, 출발'이라는 우리말이 버젓이
있음에도 불구하고, 무의식중에 '스타트start'라는 영어 표
현을 사용한다. 그리고 '스타트'에 동사 '끊다'를 연결해
서 '스타트를 끊다'라고 표현하기도 한다.

하지만 '끊다'는 '목표 지점을 통과하다'라는 뜻으로
'100미터 달리기를 9초대에 끊었다'와 같은 형태로 쓰인
다. '끊다' 자체에는 '출발'의 의미가 전혀 없다. '스타트
를 끊다' 대신 '시작하다, 출발하다'로 바꾼 문장이 간결
하고 자연스럽다.

우리말로 대체 가능하거나 우리말로 바꿨을 때 본래
의 뜻이 더 잘 전달된다면 굳이 외래어를 고집할 필요는
없지 않을까?

Q. 외래어 대신 사용할 만한 순화어는 어디에서 찾을 수 있나요?

A. 국립국어원 홈페이지(https://www.korean.go.kr) '우리말 다듬기 누리집'에 가면 1991년 순화자료집(1977~1991년)부터 2002년 순화자료집까지 약 2만 1000개의 순화어를 모은 국어 순화 자료집 합본(2003년)과 2004년부터 다듬은 말을 찾을 수 있습니다. '업사이클, 디엠, 캘리그래피'를 '새활용, 쪽지, 멋글씨'로 순화해 놓았어요.

이 밖에도 참신하고 다양한 순화어 사례가 많으니 국립국어원 홈페이지에서 개인적으로 순화하고 싶은 표현도 찾아보세요. 이미 외래어로 익숙해진 단어는 어색하고 우스꽝스럽게 느껴질 수도 있지만, '누리꾼'처럼 압도적인 지지를 받아 살아남은 순화어도 있거든요. 바꿔 사용할 만한 단어가 있나 살펴보는 것도 좋은 공부가 될 거예요.

외래어	→	순화어
얼리어답터	→	앞선 사용자
러브라인	→	사랑구도
멘토	→	지도자
다크서클	→	눈그늘
리콜	→	결함 보상
텀블러	→	통컵

'엄청'을
엄청 많이 쓰고 있다면

•

반복되는 유사 표현 점검하기

누구나 글을 쓰다 보면 같은 부사를 한 문장에 수차례 반복하거나 똑같은 서술어를 한 문단에 여러 번 사용하는 실수를 저지른다. 저마다 '단골 표현'이 있기 때문이다. 특히 이런 잘못은 글쓰기에 몰입했을 때는 눈에 잘 들어오지 않기 때문에 글을 마무리할 때는 같은 표현을 과하게 반복하지 않았는지 꼭 점검해야 한다.

물론 전문적으로 글을 쓰는 작가와 같이 자신만의 정체성을 고유한 문체를 통해 의도적으로 드러내려는 경우, 글의 맛을 살리기 위해 특징적인 표현을 사용하는 경우에는 똑같은 잣대를 가져다 대기 어렵다. 이런 이유를 제외하고는 같은 표현을 반복 사용하는 습관은 한시라도 빨리 고치는 것이 좋다.

적지 않은 사람들이 '엄청' 같은 부사가 문장에서 '강조하는 맛'을 살려준다고 생각한다. 하지만 '엄청'이나 '너무' 같은 표현을 과하게 반복하는 것은 읽는 사람에게 피로감을 줄 수 있다.

글을 쓸 때 강조하는 부사를 거듭 사용하는 이유는 말 습관 때문이다. 우리는 말을 할 때 '극심한 정도'를 강조하고자 '엄청'이나 '너무' 같은 부사를 즐겨 사용한다. 하지만 말과 달리 글에서는 표현을 반복하는 것이 상태나 상황을 강조하는 데 결코 효과적이지 않다. 게다가 본래 의미와도 어긋나는 경우가 많다.

나는 미래를 생각하는 게 너무 두렵고 나이 먹는 게 너무 무섭다.

↓

나는 미래를 생각하는 게 두렵고 나이 먹는 게 무섭다.

나는 학창 시절 노는 것을 엄청 좋아했다.

↓

나는 학창 시절 노는 것을 **무척** 좋아했다.

'엄청'은 '양이나 정도가 아주 지나친 상태', '보통 정도를 훨씬 넘어선 상태'를 뜻하는 부사로 '너무'처럼 부정적인 맥락에서 사용하는 것이 자연스럽다. 물론 부사 '너무'의 경우 이제는 긍정적 맥락에서의 사용도 허용되었다. '엄청'과 마찬가지로 원래는 부정적으로만 사용할 수 있었으나 긍정의 의미로 사용하는 사람이 많아지며 허용된 것이다. 지금 같은 추세라면 부사 '엄청'도 '너무'와 같은 길을 걷게 될 가능성이 적지 않다.

　하지만 '기분이 엄청 좋다'와 같은 문장은 여전히 맥락상 틀린 문장이다. 글은 말과 달라서 같은 표현이라도 보수적인(?) 것을 선호한다. 그리고 혹시라도 '엄청'을 '너무'와 같이 긍정의 의미로 사용할 수 있는 상황이 와도 연달아 같은 표현을 반복해서 쓰는 것은 주의해야 한다.

　'엄청, 너무' 외에도 뜻을 강조하는 부사는 많다. 정제되지 않은 특정 표현의 단순 반복은 문장의 간결성을 해친다. 따라서 말끔히 삭제하거나 '무척, 아주, 몹시, 매우, 상당히' 같은 부사를 문맥에 맞게 두루 사용하는 것이 좋다. 이런 노력만으로도 훨씬 풍성한 문장을 쓸 수 있다.

　유사 표현 반복은 다양한 이유에서 비롯된다. 글쓴이가 평소 선호하는 표현일 수도 있고 강조하고 싶은 내용을 일부러 반복하기 위한 것일 수도 있다. 그것도 아니면 정신없이 쓰다가 이미 여러 번 쓴 사실을 잊어버렸기 때문일 수도 있다. 하지만 이유를 불문하고 표현이 반복된 문장은 좋은 글이 아니다. 다음의 문장들은 '동일 표현 반복'의 나쁜 예다.

> **엄청** 오랜만에 요리학원에 갔는데 자격증 요리가 아닌 대회 요리를 처음 보게 되었고 플레이팅도 **엄청** 화려하고 요리도 **엄청** 맛있어 보였다.

⬇

> **아주** 오랜만에 요리학원에 갔는데 자격증 요리가 아닌 대회 요리를 처음 보게 되었고 플레이팅도 **무척** 화려하고 요리도 **굉장히** 맛있어 보였다.

> 어느 날 학교 도서관에서 '당을 끊는 식사법'이라는 책을 보게 **되었고** 호기심이 들어 책을 읽게 **되었고** 이 책이 내가 살면서 처음으로 완독한 책이 **되었다.**

⬇

> 어느 날 학교 도서관에서 '당을 끊는 식사법'이라는 책을 **발견했고** 호기심에 **읽어보았다.** 그리고 이 책은 내가 살면서 처음으로 완독한 책이 **되었다.**

나는 **항상 마음**속에 **항상** 감사하는 **마음을** 가지고 살아갈 것이다.

⬇

나는 **항상** 감사하는 **마음**을 가지고 살아갈 것이다.

처음 가게를 차렸을 때 IMF로 가게를 접었고 **여러** 문제들로 **여러 번 무수히** 무너졌지만 포기하지 않고 지금의 자리까지 올라왔다.

⬇

처음 가게를 차렸을 때 IMF로 가게를 접었고 **여러 가지** 문제들로 **무수히** 무너졌지만 포기하지 않고 지금의 자리까지 올라왔다.

처음 요리를 시작하고 6개월이 지나서 계속 똑같은 자격증 요리를 하다 보니 요리에 **점점** 흥미가 떨어지기 시작했다. 그래서 **점점** 요리를 하는 것이 귀찮아지고 흥미가 **점점** 사라져서 학원을 안 나가기 시작했다.

⬇

처음 요리를 시작하고 6개월이 지나서 계속 똑같은 자격증 요리를 하다 보니 요리에 **갈수록** 흥미가 떨어지기 시작했다. 그래서 요리를 하는 것도 **점점** 귀찮게 느껴졌고 **결국** 학원을 안 나가기 시작했다.

문장에서 자주 반복되는 단어는 '부사'가 가장 많고, 명사와 동사가 그 뒤를 잇는다. 앞의 문장에서 '엄청, 아주, 항상, 여러, 점점, 굉장히, 무수히' 등은 모두 '정도'를 강조하기 위한 부사다. 문장 안에서 다른 성분을 강조하거나 수식하는 '부사'의 특성상 얼핏 반복하는 것도 자연스러워 보인다. 평소 '엄청' 같은 부사를 반복해서 사용하는 말 습관을 가졌을 경우는 더 그렇게 느낄 수 있다.

하지만 같은 단어를 한 문장 안에 두 번 이상 노출하는 것은 의식적으로라도 피하는 것이 좋다. 거듭 이야기하지만 좋은 글에서는 한 문단 안에 같은 표현이 두 개 이상 출현하는 일이 거의 없다. 리듬이나 선율을 교묘하게 변형해 연주하는 변주곡처럼, 쓰기에도 '변주'가 필요하다.

의미나 맥락을 벗어나지 않는 수준에서 유사한 단어로 대체하는 방법이야말로 글쓰기에서의 변주가 아닐까? 만약 그 방법이 어렵다면 같은 단어의 중복을 줄이는 것만으로도 좋은 글쓰기를 위한 더 나은 선택이 될 수 있다.

같은 표현의 반복은 전문 작가들도 경계하는 문제다. 『유혹하는 글쓰기』의 저자 스티븐 킹Stephen King은 "지옥으로 가는 길은 부사로 덮여 있다The road to hell is paved with adverbs"고 말했다. 글을 쓸 때 부사의 불필요한 남발을 경계하고자 한 것이다.

자기주장에 자신이 없을수록 수식어를 과다하게 사용한다고 한다. 글에 어울리지 않는 표현을 줄이려는 노력이 글을 더욱 글답게 만든다는 사실을 명심했으면 좋겠다. 한 사람의 진면목은 겉모습이 아니라 내면에서 느껴지는 것처럼 말이다.

Q. '엄청'은 부사인데 '우리 누나는 엄청 미인이다'처럼 쓰기도 하잖아요. 문법적으로 부사가 명사를 꾸밀 수 있나요?

A. '엄청' 같은 부사는 '정도(성)'의 의미를 포함하는 표현을 수식할 수 있습니다. '미인'은 '아름다운 사람, (주로) 얼굴이나 몸매가 아름다운 여자'를 이르는 말이므로 '엄청'으로 수식할 수 있어요. 다만 부사 '엄청'이 명사 '미인'을 수식하는지, 서술어로서 결합한 '이다'를 수식하는지에 대해서는 논란의 여지가 있습니다.

글에 평소 말투가
담겨 있다면

●

구어체와 문어체 구분하기

요즘 MZ세대가 음성 통화를 무척 부담스러워한다는 기사를 읽은 적이 있다. 대꾸할 말을 준비하지 못한 무방비 상태에서 갑작스레 전화받기가 불편한 것이다. 교수님과 전화하기 전에는 참고하기 위한 스크립트를 미리 써놓는 학생들까지 있을 정도다. 워낙 문자메시지에 익숙해진 탓이리라. 우리 사회가 이미 대면보다는 비대면을, 음성 통화보다는 문자메시지를 더 편하게 느끼는 시대에 와 있는 것이다.

그런데 여기서 잠깐! SNS나 문자메시지를 작성하는 것도 '글쓰기'로 보아야 할까? 말로 하는 것이 아니므로 당연히 쓰기에 속한다고 생각하는 사람들도 있을 것이다. 하지만 문자메시지나 메신저에서 쓰는 글은, 말과 글어느 한쪽의 성질을 완벽하게 가진다고 보기 어렵다. 그저 장면을 대면에서 비대면으로 바꾼 말하기에 가깝다고나 할까?

SNS로 주고받는 메시지에는 줄임말이나 은어, 비속어가 눈에 띄게 많다. 심지어 친한 사이에는 이모티콘이나 초성만으로 대화를 이어가기도 한다. 이렇게 말과 글의 어중간한 형태에 쉴 새 없이 노출된 탓에, MZ세대의 말투는 SNS 채팅창을 넘어 이제 대학 과제물에도 등장하고 있다. 너무 익숙한 표현이라 고쳐야 한다는 의식조차 못 하는 것이다.

지금부터 **나한테** 크게 와닿았던 순간을 **얘기하려고** 한다.

↓

지금부터 **나에게** 크게 와닿았던 순간을 **이야기하고자** 한다.

나의 소원은 **친구들이랑** 직접 차를 운전해서 여행 가는 것이다.

↓

나의 소원은 **친구들과** 직접 차를 운전해서 여행 가는 것이다.

요즘 학생들은 무슨 말이든 줄여 쓰려는 경향이 강하다. 이제는 줄임말 형태가 더 자연스러운 '알바' 같은 단어는 풀어 적으라고 해도 오히려 물음이 따라온다. "이렇게만 써도 다 이해하는데 굳이 풀어 쓸 필요가 있나요?"

그럼에도 불구하고 내 대답은 여전히 "그렇다!"이다. 편의상 줄여 쓰는 표현도 글에서는 모두 풀어 쓰는 것이 원칙이기 때문이다. 조사도 그렇다. 말할 때는 '한테, (이)랑'이 편하게 느껴지지만 글이 선호하는 표현은 '에게, 와/과'다. 따라서 '한테'는 '에게'로, '이랑'은 '와/과'로 수정해야 한다.

5년간 **알바**를 하면서 사장님께 배운 것을 말해보겠다.

⬇

5년간 **아르바이트**를 하면서 사장님께 배운 것을 말해보겠다.

어릴 **땐** 버킷리스트가 **뭔** 뜻인지 잘 몰랐다.

⬇

어릴 **때는** 버킷리스트가 **무슨** 뜻인지 잘 몰랐다.

내가 하고 싶은 **걸** 못 해보고 죽는다면 **그거보다** 끔찍한 일은 없을 것이다.

내가 하고 싶은 **것을** 못 해보고 죽는다면 **그것보다** 끔찍한 일은

없을 것이다.

남이 봤을 땐 별거 아니라고 생각할 수도 있다.

남이 봤을 **때는 별것** 아니라고 생각할 수도 있다.

'뭐, 뭔, 거, 걸, 그거, 별거, 얘기'처럼 발음상 자연스러운 줄임말은 어떨까? 사실 많은 사람들이 '거'가 '것'의 줄임말이라는 사실조차 잘 알지 못한다. 글에서는 조금 딱딱하더라도 '무엇, 무슨, 것, 것을, 그것, 별것, 이야기'처럼 기본 형태로 적어야 한다. 말할 때 자주 사용하는 표현일수록 더욱 주의해야 한다.

개랑 놀고 공부하면서 나는 점점 바뀌기 시작했다.

그 **친구와** 놀고 공부하면서 나는 점점 바뀌기 시작했다.

그러면 '개'는 어떨까? 의외로 이 표현을 수정하기 어려워하는 경우가 많다. '개'는 친구처럼 가까운 사람이나

동년배, 또는 어린 사람을 지칭하는 3인칭 대명사로 '그 아이'의 줄임말이다. 구어에서 평소 편한 친구를 가리키는 것은 괜찮지만 글에 사용해서는 안 된다. 글쓰기에서는 '걔' 대신 '그 아이'나 '그 친구'로 바꿔 써야 한다.

야속하게도 시간은 흘러갔고 **어찌저찌** 모든 일정을 소화했다.

⬇

야속하게도 시간은 흘러갔고 **우여곡절 끝에** 모든 일정을 소화했다.

마지막으로 '어찌저찌'에 대해 살펴보자. 일의 진행 과정이나 경로를 설명하는 표현인 '어찌저찌'는 '(이리저리) 어떠한 방법으로'를 뜻하는 부사로, 특수한 경우를 제외하고 글에 사용하기는 적합하지 않다. 그 대신 '우여곡절 끝에' 같은 표현으로 바꾸는 것이 좋다. 평소 즐겨 쓰는 표현이라도 글쓰기에 사용하는 것이 적합한지 거듭 따져볼 필요가 있다.

'현생'이라는 표현이
어색하지 않다면

．

어휘의 원래 의미 점검하기

고등학교를 갓 졸업한 대학 신입생들은 학창 시절에 쓰던 언어를 고스란히 간직한 채 캠퍼스 생활을 시작한다. 언젠가 학생들이 쉬는 시간에 나누는 대화를 우연히 들으며 분명 아는 표현인데 매우 낯설게 느껴지는 경험을 했다. 대화 속에 수차례 등장하는 '지리다, 빨다, 쩔다, 찢다, 오지다' 같은 단어들이 원래 사용되던 상황이 아닌 과장되고 거친 표현을 위해 쓰이고 있었다.

　이런 표현들은 원래의 모습을 알기 어려울 정도로 형태를 축약하거나 대상을 희화화하고 이미지를 과장되게 부각함으로써 심각한 정도로 언어를 파괴한다. 그래서 10대를 제외하고는 뜻조차 제대로 파악하기 어려운 경우도 많다. 문제는 이렇게 말로 쓰던 표현이 글에도 이어진다는 점이다.

> 가족들과 추억을 쌓으면서 **현생**에서 조금이나마 소통을 할 수 있게 되었다.
>
> ↓
>
> 가족들과 추억을 쌓으면서 **일상**에서 조금이나마 소통을 할 수 있게 되었다.

이 문장을 처음 읽자마자 '현생'이라는 단어가 눈에 들어왔다. 그러고는 서둘러 〈표준국어대사전〉에서 그 단어를 검색했다. 기존에 알고 있던 '현생'이라는 말과 이 문장에 쓰인 '현생'이 일치하는지 확인하기 위해서였다.

〈표준국어대사전〉에서도 '현생現生'은 '삼생의 하나, 이승의 생애를 이름'이라는 뜻으로 나와 있었다. '전생前生의 반대말인 그 현생?' 예상이 틀리지는 않았지만 그래도 이 표현은 아니다 싶었다. 원래 의미 그대로 문장을 풀면 '이승에서 가족들과 조금이나마 소통을 할 수 있게 되었다'가 된다.

글쓴이는 문장에서 '현생'을 왜 강조하고 싶었을까? 일상에서 일어나는 모든 일들이 '전생'을 전제로 하지 않는 한, 현생이 강조되어야 할 이유는 찾기 어렵다. 따라서 이 문장에서는 굳이 '현생'이라는 단어를 사용해야 할 어떤 근거도 없다. 이런 사족 같은 표현은 과감하게 삭제해야 한다.

썩어가는 편의점에 200명이 넘는 사람들이 왔다 갔다 하며 **끼니를 때우고** 있었다.

⬇

낡고 오래된 편의점에 200명이 넘는 사람들이 왔다 갔다 하며 **끼니를 해결하고** 있었다.

학생들은 단어를 전형적인 의미보다 파생된 의미로 사용하는 경향이 있다. 그런 만큼 10대들의 특정 문화 속에 자리 잡은 단어는 확장된 의미를 해석하기도 어렵고 표현도 다소 과격하다. 이런 어휘를 글에 그대로 사용할 경우 제대로 된 의미를 전달할 수 없다.

이 문장에서 사용한 동사 '썩다'의 경우, '음식이/사랑니가/철문이/정신 상태가 썩다'가 이 단어의 전형적인 형태다. 하지만 학생들은 단어의 특정 의미를 부각해 '표정/얼굴/건물이 썩다' 같은 형태로 쓴다. 같은 맥락에서 '오래되고 낡은 편의점' 또한 '썩어가는 편의점'으로 표현한 것이다.

'뜻만 통하면 그만'이 아니다. 글쓰기에서는 특정 단어의 부정적이고 왜곡된 의미를 부각하기보다 단어 자체의 전형적이고 자연스러운 의미를 살려 표현하는 것이 좋다. 단어를 선택할 때도 이를 기준으로 삼아야 한다. 의미를 잘 전달하는 '오래된, 낡은' 등의 순화된 표현을 두고 의도적으로 과격하게 표현하는 것은 고쳐야 한다.

한편 '때우다'는 틀린 표현은 아니지만 글에 더 어울리는 단어로 고칠 수 있다면 바꾸는 것을 추천한다. '때우다'는 '간단한 음식으로 끼니를 대신하다', '뚫리거나 깨진 곳을 다른 조각으로 대어 막다', '다른 수단을 써서 어떤 일을 보충하거나 대충 해결하다', '남는 시간을 다른 일로 보내다'의 다양한 뜻을 가진 동사다. 의미상으로는 사용할 수 있지만 글보다 말에서 더 자연스러운 표현인 만큼 '해결하다'로 수정해도 깔끔하다. 참고로 '떼우다'와 표기를 헷갈리지 말자.

이처럼 평소 말할 때 즐겨 쓰던 습관이나 표현은 글에도 그대로 나타난다. 따라서 글을 잘 쓰고 싶다면 언어 사용 습관부터 틈틈이 살펴볼 일이다.

장사할 때는 아끼려 하지 마라. **아끼다 똥 된다.**

↓

장사할 때는 아끼려 하지 마라. (아끼면 아낄수록) 손해다.

'장사하는 사람이 너무 인색하면 안 된다'는 '상인의 도道'를 강조하는 문장이다. 글쓴이의 의도는 잘 알지만 '아끼다 똥 된다' 같은 표현보다는 '아낄수록 손해다' 정도로 바꾸는 것이 좋다. 되도록 글쓰기에서는 비속어 사용을 삼가자.

잡생각이 많을 때는 몸을 움직여야 한다.

↓

쓸데없는 생각이 들 때는 몸을 움직여야 한다.

'쓸데없이 하는 여러 가지 생각'을 뜻하는 '잡생각'은 '쓸데없는 생각'으로 풀어 쓰는 것이 어떨까? 맥락에 따라 '생각이/머릿속이 복잡하다'는 의미를 살려도 좋다. 읽었을 때 부담이 없고 의미도 명확하도록 수정해 보자.

받아쓰기, 독후감, 일기 등의 숙제로 **스트레스를 받아 죽고만 싶었다.**

'스트레스를 받아 죽고 싶다'거나 '들통나다' 같은 과장스럽고 강한 표현도 글을 읽는 사람 입장에서는 다소 불편할 수 있다. 여러 번 이야기했듯이 말과 글의 표현은 구분해서 써야 한다. '스트레스를 심하게 받다', '거짓(비밀)이 드러나다'로 고치는 것이 부드럽게 읽힐 뿐만 아니라 보기에도 좋다.

늘 강조하지만 문장 수정은 글쓴이의 의도와 원문을 살려 가능한 적게 고치는 것이 원칙이다. '뒤통수를 맞다'는 어떤 대상에게 심한 피해를 입었거나 배신을 당했을 때 쓰는 표현이다. 그 전형적인 의미를 고려해 '배신을 당하다'로 바꾸는 것이 좋다.

인터넷을 시작하고 친구가 생기면서 **바닥을 찍던** 자존감이 올라가기 시작했다.

⬇

인터넷을 시작하고 친구가 생기면서 **낮은/낮았던** 자존감이 올라가기 시작했다.

'바닥을 찍다/치다'는 '그 상태가 몹시 심하거나 좋지 않다'는 뜻으로 '기분이 바닥을 찍다', '주가가 바닥을 찍다' 따위의 형태로 쓰인다. '자존감이 바닥을 찍다'라는 표현도 '자존감이 몹시 낮아진 상황'을 '강조'하기 위한 의도로 보이지만 단어 선택은 늘 신중해야 한다.

글을 쓸 때는 혹시 이 표현이 글을 읽는 사람에게 '과(격)하게 들리지 않을까' 하는 자기 검열이 필요하다. 따라서 이 문장은 '인터넷을 시작하고 친구가 생기면서 낮은/낮았던 자존감이 올라가기 시작했다'로 고치는 것이 좋겠다. '올라가다' 대신 '회복되다'로 의미를 명확히 해주는 것도 괜찮은 방법이다.

나는 '어려운 사람들을 도와준다'는 **말 한마디에 꽂혀** 국제변호
사가 되겠다고 다짐했다.

↓

나는 '어려운 사람들을 도와준다'는 **말에 이끌려** 국제변호사가
되겠다고 다짐했다.

'꽂히다'는 '마음이 어느 한곳(대상)에 고정되거나 빠
지다'라는 뜻의 동사로 글쓰기에 사용하기에는 점잖지
못한 표현이다. '-에 꽂히다' 대신 '-에 끌리다/이끌리
다/빠지다' 등으로 완곡하게 표현하는 것이 좋다.

늘 느끼지만 학생들의 표현은 참 정직해서 때로는 너
무 적나라하다. 글에 적합하지 않다는 이론상의 이유를
차치하고라도 여전히 그런 생각을 지우기 어렵다. 문장
에 왜 하필 이런 표현을 썼는지 전혀 이해하지 못하는 것
은 아니지만 말과 글은 다르다. 상대와 상황에 따라 말을
가려 해야 하듯, 글 또한 읽는 사람을 배려하는 마음을
담아 정제된 표현을 사용해야 한다.

Q. 국어사전에 없는 단어도 있나요? 가끔 검색이 안 될 때도 있어요.

A. 어떤 단어가 검색이 안 되는 건 국어사전에 등재되지 않았다는 의미예요. 아직 공식적인 한 단어로 인정받지 못한 거죠. 그리고 단어가 둘 이상 모인 말인 '구'도 검색되지 않아요. 두 개 이상의 단어가 더해져 만들어진 표현이므로 각각 검색해야 해요.

가령 〈표준국어대사전〉에 '대체불가'를 검색하면 '찾기 결과'가 '0개'로 나오거든요. 하나의 단어가 아니라는 뜻이에요. 그럴 때는 '대체'와 '불가'를 따로따로 다시 검색하면 의미가 나올 거예요. 쓸 때도 두 개의 단어가 더해진 '구' 형태이므로 '대체'와 '불가' 사이를 띄어서 써야 해요. 띄어쓰기의 단위는 단어라는 사실 잊지 마세요.

사전을 검색하다 보면 잘못 알고 있던 맞춤법을 알 수도 있어요. 틀린 단어를 검색해도 맞는 표현 정보를 보여주거든요. 흔히 실수하는 '설레이다'를 검색하면 '→설레다'로 나올 텐데, '설레이다'는 틀린 표현이고 맞는 표현은 '설레다'라는 뜻이니까 맞게 고쳐 쓰라는 의미예요.

STEP 3

모양이 비슷해서
틀리기 쉬운 맞춤법 30

원리를 알고 보면
쉬운 표기법

다음 문장에서 맞춤법이 맞는 것을 골라보자.

뵈요 vs 봬요 / 되다 vs 돼다

☐ 이따가 약속 장소에서 〔뵈요/봬요〕.

☐ 그게 말이 〔되니/돼니〕?

메시지 창에 '이따가 뵈요'라고 입력하면서 찜찜했던 적이 있다면 이제부터는 더욱 집중하자. '뵈다'는 '웃어른을 대해 보다'라는 의미의 동사로, 특히 조심스러운 상대에게 쓰는 경우가 많아 더욱 신경이 쓰이는 단어다.

'뵈요'의 기본형은 '뵈다'로 '뵈-'가 어간이다. '되다'

또한 마찬가지다. '뵈-, 되-' 뒤에 연결어미 '-어'가 오면, 축약이 일어나 '봬-, 돼-'의 모습이 된다. 즉 '봬-'는 '뵈어-', '돼-'는 '되어-'의 줄임말인 셈이다. 참고로 '되고, 되니, 되면'과 같이 뒤에 오는 어미가 자음일 때는 음운 축약이 일어나지 않아 '뵈-, 되-' 형태 그대로 사용한다.

그러면 '뵈-, 되-'와 '봬-, 돼-'를 쓰는 상황을 어떻게 구별할까? 방금 설명한 원리를 그대로 적용하면 간단하다. 바로 어간 '뵈-, 되-' 뒤에 연결어미 '-어'를 넣어보는 것이다. '-어'를 넣어서 말이 되고 자연스러우면 '봬-, 돼-'가 맞는 표현이다. 그 반대도 마찬가지다. 그 자리에 '뵈어-, 되어-'를 넣었는데 말이 어색하면 '뵈-, 되-'가 맞다. '뵈다→뵈+어요→봬요, 되다→되+어요→돼요'의 과정으로 축약되는 것이다.

이따가 회의실에서 뵈요. (×)

⬇

이따가 회의실에서 봬(뵈어)요. (○)

이해가 되? (×)

⬇

이해가 돼(되어)? (○)

또 하나, 앞 문장을 보면서 조금 전 '뵈-, 되-'가 어간
이라고 설명했던 것을 떠올려보자. 어간이 과연 문장 끝
에 올 수 있을까? 질문이 너무 어렵다면 물음을 조금 바
꿔보자. '밥 먹어?' 대신 '밥 먹?'이라고 할 수 있을까? 당
연히 이런 표현은 없다. 즉 어간은 문장 끝에 올 수 없다.
그러므로 문장 끝의 '되-'는 항상 축약형 '돼(되어)'가 맞
다. 헷갈리는 맞춤법일수록 원리를 알면 도움이 된다.

> 시간 없어. 서둘러야 **돼**.
>
> 걱정하지 않아도 **돼**.
>
> 도대체 이게 말이 **돼?**

간추리기 & 정답 맞추기

어간 '뵈-, 되-' 뒤에 연결어미 '-어'를 넣어서 자연스러우면
'봬-, 돼-', 어색하면 '뵈-, 되-'로 쓴다.

- ☐ 이따가 약속 장소에서 **봬요**.
  - → '뵈-'+연결어미 '-어'+존칭 보조사 '요'
- ☐ 그게 말이 **되니?**
  - → '되-'+종결어미 '-니'

가르치다 vs 가르키다 vs 가리키다

☐ 사람들 모두 그 아이를 (가르쳐/가르켜/가리켜) 신동이라고 한다.

☐ 좋은 습관은 어릴 때부터 (가르쳐/가르켜/가리켜)야 한다.

학기가 끝나고 "그동안 잘 가르켜주셔서 감사합니다" 하고 인사하는 학생들이 있다. 그런 인사를 받으면 고마운 마음이 들지만 한편으로는 '내가 뭘 잘못 가르친 거지?' 걱정이 된다. 사실 '가르치다, 가르키다, 가리키다'는 많은 사람들이 쉽게 틀리는 맞춤법이다. 방송인들조차 헷갈리는지 TV 프로그램 자막에서도 자주 잘못 사용한 모습을 볼 수 있다. 이번 기회에 세 단어의 차이를 확실히 해 두자.

먼저 세 단어 중에 비표준어가 있다는 사실을 눈치챘다면 실력이 나쁘지 않다. '가르키다'는 '가르치다'의 틀린 표현으로 〈표준국어대사전〉에서 '가르키다'를 찾으면 '→가르치다'로 제시된다. '가르키다'는 틀렸으니 '가르치다'로 고쳐서 쓰라는 뜻이다.

그러면 '가르치다'와 '가리키다'는 어떻게 다를까? 먼저 '가르치다'는 '지식을 깨닫거나 익히게 하는 행위'를 뜻한다. 반면에 '가리키다'는 '손가락으로 어떤 대상이나 방향을 알리는 것' 또는 '어떤 대상을 집어서 두드러지게 나타냄'을 뜻한다. 이렇게 두 단어는 명확히 다르다. 예문을 보면 두 단어의 의미 차이가 더 확실히 드러난다.

> 영희는 초등학교에서 **아이들을 가르친다.**
> 흔히 남편은 아내에게 **운전을 가르치기** 힘들다고들 한다.
> 철수는 **손가락으로** 남쪽을 **가리켰다.**
> 사람들은 그를 **가리켜 천재**라고들 한다.

간추리기 & 정답 맞추기

'배움을 주다'의 의미가 있으면 '가르치다'를 쓰고, '지칭'이나 '지정'의 의미가 있으면 '가리키다'를 선택한다.

- ☐ 사람들 모두 그 아이를 **가리켜** 신동이라고 한다. (=지칭해)
- ☐ 좋은 습관은 어릴 때부터 **가르쳐야** 한다. (=배우게 해야)

웬 vs 왠

□ 너는 (왠/웬) 걱정이 그리 많니?

□ 오늘은 (왠지/웬지) 좋은 일이 생길 것 같은 예감이 들어.

□ 이게 (왠/웬) 떡이냐.

발음상의 차이가 거의 없는 말들은 종종 헷갈리기 마련이다. 바로 '왠'과 '웬'도 그런 단어 중에 하나다. 둘 중 하나는 오타처럼 느껴질 만큼 모양까지 비슷하다. 과연 두 단어의 차이는 무엇일까? 차이가 있기는 할까?

'웬'은 '어찌 된, 어떠한'의 뜻을 가진 말로, 명사 같은 단어를 수식하는 관형사라서 '웬 사람/걱정/까닭/영문' 같은 형태로 쓰인다. 이와 관련해 '웬'을 쓰는 '웬일'의 경우 '어찌된 일, 의외의 뜻'을 나타내는 한 단어이므로 띄어서 쓰지 않도록 주의해야 한다.

한편 '왠지'는 '이유, 원인'을 나타내는 부사 '왜'와 '인지'가 합쳐진 형태의 줄임말이다. 둘의 발음이 비슷해서 헷갈리기는 하지만 '왠'은 '왠지'의 형태로만 쓰이고 '웬'은 '웬 놈, 웬 떡'과 같이 '웬+명사'의 형태가 주를 이룬다. 이 점만 기억해도 글쓰기에서의 실수를 대폭으로 줄일 수 있을 것이다.

웬 놈이냐. 거기서 시끄럽게 떠드는 놈이.

네가 **웬일로** 여기까지 다 왔어?

요즘은 **왠지** 어디론가 떠나고 싶어.

간추리기 & 정답 맞추기

'왠'은 '왠지(왜인지)'의 형태가 거의 유일하다. 따라서 '왠지'만
빼면 거의 다 '웬'이라고 보아도 크게 틀리지 않을 것이다.

□　너는 **웬** 걱정이 그리 많니? (=무슨/어떠한)

□　오늘은 **왠지** 좋은 일이 생길 것 같은 예감이 들어.(=왜인지)

□　이게 **웬** 떡이냐. (=어찌 된)

나아 vs 낳아

□ 감기 빨리 (나으세요/낳으세요).

□ 장동건은 한국이 (나은/낳은) 최고의 배우다.

아플 때 연인의 다정한 말 한마디에 위로받았던 경험이
있을 것이다. 그런데 연인의 걱정 어린 문자메시지를 받
고 오히려 이별을 심각하게 고민하는 경우도 있다. "OO
야 괜찮니? 빨리 낳아." 우스갯소리 같지만 문자메시지
를 받은 학생에게 직접 들은 이야기다. MZ세대 안에서
도 맞춤법의 중요성을 인지하는 정도는 다르다.

　'낫다'는 '병이 치유되다'라는 뜻의 동사이면서 '보다
좋거나 앞서다'는 뜻의 형용사다.

> 병이 씻은 듯이 **나았다**.
>
> 감기가 잘 **낫지** 않는다.
>
> 추운 겨울보다 더운 여름이 **낫다**.
>
> 더 **나은** 회사로 옮기려고 한다.

　반면 '낳다'는 '아이, 새끼, 알 등을 몸 밖으로 내놓다'
는 뜻의 동사다.

자식을 **낳아** 기르다.

우리 집 강아지가 새끼를 **낳았다.**

더구나 '낫다'는 [낟따]로 '낳다'는 [낟타]로 본 발음
부터 다르다. 다만 뒤에 모음으로 시작하는 어미가 오면
'낫'의 받침 'ㅅ'이 탈락하므로 발음이 같아진다.

① 낳+-으세요 → **낳으세요**[나으세요]

　낳+-았다 → **낳았다**[나았다]

② 낫+-으세요 → **나으세요**

　낫+-았다 → **나았다**

간추리기 & 정답 맞추기

'낳다'는 '낫다'와 달리 모음으로 시작하는 어미 앞에서도 받침
'ㅎ'이 사라지지 않는다. '낳다'의 뜻처럼 품고 있다고 기억하자.

☐ 감기 빨리 **나으세요.** (=치유되세요)

　→ 'ㅅ' 탈락

☐ 장동건은 한국이 **낳은** 최고의 배우다. (=몸 밖으로 내놓은)

　→ 'ㅎ' 유지

어떻게 vs 어떡해 vs 어떻해

□ 〔어떻게/어떡해/어떻해〕 그런 실수를 또 한 거니.

□ 큰일 났어. 이제 난 〔어떻게/어떡해/어떻해〕.

□ 이 수학 문제 〔어떻게/어떡해/어떻해〕 푸는지 잘 모르겠어요.

직업병 때문인지 친구에게 맞춤법이 틀린 메시지를 받으면 종종 고쳐주고는 한다. 그중 최근 들어 가장 자주 교정해 준 단어가 바로 '어떡해'다.

① 어떻게: '어떻다'의 부사형

② 어떡해: '어떻게 해'가 줄어든 말

③ 어떻해: 맞춤법이 틀린 비표준어

세 단어를 잘 구분하려면 각각의 단어가 어떻게 만들어졌는지 그 유래를 따져볼 필요가 있다. '어떻게'는 '어떻다(어떠하다)+-게'의 부사형이고 '어떡해'는 '어떻게 해'의 줄임말로, 가끔 '어떡해' 대신 잘못 쓰는 '어떻해'는 틀린 표현이다.

'어떡해'는 '어떻게 해'라는 뜻의 완결된 '구'이기 때문에 서술어로는 쓰일 수 있어도 부사 '어떻게'처럼 동사나 형용사를 꾸밀 수 없다. '명동까지 어떻게 가?'는 말이 되지만 '명동까지 어떡해 가?'는 말이 안 되는 것도 그 때문이다. 따라서 문장 끝에 놓이면 '어떡해', 문장 중간에 놓이면 '어떻게'가 될 확률이 높다. 이렇듯 두 단어는 의미나 쓰임이 전혀 다르다.

네가 나한테 **어떻게** 이럴 수 있어?

이런, 또 늦었네. 나 **어떡해**.

간추리기 & 정답 맞추기

'어떻게, 어떡해' 중에서 무엇을 써야 할지 잘 모르겠다면 '어떡해'가 '어떻게 해'의 줄임 표현이라는 사실만 확실히 기억하자. 그래도 헷갈린다면 '어떻게'의 자리에 방언형인 '어찌'를 넣어보는 것도 방법이다. 잘 어울리면 '어떻게', 그렇지 않으면 '어떡해'의 자리라는 뜻이다. 특히 놓인 자리가 문장 끝이라면 '어떡해'일 확률이 99%다!

☐ **어떻게** 그런 실수를 또 한 거니. (=어찌)

☐ 큰일 났어. 이제 난 **어떡해**. (=어떻게 해)

☐ 이 수학 문제 **어떻게** 푸는지 잘 모르겠어요. (=어찌)

반듯이 vs 반드시

□ 운동을 시작하기 전에는 [반드시/반듯이] 팔과 다리를 충분히 풀어주어야 한다.

□ 허리를 [반드시/반듯이] 편 상태로 엉덩이를 의자 등받이에 딱 붙이고 앉거라.

한 정치인이 방문록에 적은 단어가 '반드시'가 맞는지 '반듯이'가 맞는지를 두고 때아닌 논쟁이 벌어진 적이 있다. 두 단어 모두 부사인데다가 발음까지 같아서 헷갈리기가 참 쉽다. '반드시'가 '반듯이'의 잘못된 표기라고 생각하는 사람들도 적지 않으니 혼란의 정도를 짐작할 만하다.

> 할머니는 몸을 **반듯이** 하고 침대에 누워 계셨다.
> 그녀는 머리에 비녀를 **반듯이** 찌르고 있었다.
> **반드시** 제시간에 도착하거라.
> 말과 행동은 **반드시** 일치해야 한다.

제시한 문장에서 알 수 있듯이 '반듯이'는 '반듯하다'의 부사형으로 '비뚤어지거나 굽지 않고 바르게'라는 뜻을 가진다. 부사 '반듯하게'와 바꿔 써도 뜻이 통한다. 한편 '반드시'는 '틀림없이 꼭, 기필코'라는 뜻을 가진 '부사'라서 '반듯이'와는 전혀 다른 의미다. 이번 기회에 잘 기억해 두고 문장을 쓸 때 확인하는 습관을 들이면 실수를 줄일 수 있을 것이다.

'반드시' 맞춤법을 지키자는 다짐을 메모지에 '반듯이' 적어 걸어두자.

간추리기 & 정답 맞추기

'반듯하게'를 넣어 문장이 자연스러우면 '반듯이', '틀림없이, 꼭, 기필코'를 넣어 자연스럽다면 '반드시'를 쓴다.

☐ 운동을 시작하기 전에는 **반드시** 팔과 다리를 충분히 풀어 주어야 한다. (=꼭)
☐ 허리를 **반듯이** 편 상태로 엉덩이를 의자 등받이에 딱 붙이고 앉거라. (=반듯하게)

밤새다 vs 밤새우다

□ 그렇게 자꾸 (밤새면/밤새우면) 몸 축난다.

□ 어제 우리는 (밤새는/밤새우는) 줄 모르고 놀았다.

"나 어제 공부하느라 밤샜어." 기왕 자랑하려면 맞춤법에도 맞는 것이 낫지 않을까? '밤새다'는 '밤이 지나 날이 밝다', '밤새우다'는 '잠을 자지 않고 밤을 보내다'라는 의미의 다른 동사다. 그러므로 '밤새웠어'로 써야 맞다.

잠이 오지 않아 **밤새도록** 뒤척인다.

밤새도록 술을 마셨다.

힘들게 **밤새워** 공부한 보람이 있다.

간추리기 & 정답 맞추기

단순히 '날이 밝다'는 '밤새다', '잠'의 의미가 내포되면 '밤새우다'를 쓴다. 둘의 뜻만 구분해도 바르게 사용할 수 있다.

□ 그렇게 자꾸 **밤새우면** 몸 축난다. (=잠 안 자고 밤을 보내면)

□ 어제 우리는 **밤새는** 줄 모르고 놀았다. (=날이 밝는)

설렘 vs 설레임

☐ 그 사람에 대한 마음은 단순한 〔설렘/설레임〕일 거야.

☐ 내일 소풍 갈 생각에 마음이 〔설레어서/설레여서〕 잠이 오지 않
는다.

'설렘'과 '설레임'에 대한 혼돈은 모 회사의 아이스크림
명에서 시작되었다고 해도 과언이 아니다. 소비자의 기
억에 각인시키기 위해서였든 또 다른 이유였든, 의도는
알 수 없지만 비표준어라는 점은 반드시 알고 있어야
한다.

바른 표현 '설렘'의 기본형은 동사 '설레다'로, '마음
이 가라앉지 않고 들떠 두근거리다'라는 뜻이다. '설레
임'이 맞는 표기라면 기본형 '설레이다'가 있어야 하지만
국어사전에 이런 단어는 존재하지 않는다. 피동이나 사
동도 아닌 어법상 아예 틀린 표현이기 때문이다.

친구들을 만날 생각에 벌써 마음이 **설렌다.**

'설레이다'를 비표준어로 규정하고 나면 그로부터 파
생된 '설레여, 설레임' 따위도 모조리 틀린 표현임을 알

수 있다. '설레다'의 바른 명사형은 '설렘'뿐이다. 따라서 이제부터 '설레임'은 아이스크림을 지칭할 때 빼고는 입에 올릴 일도, 글로 쓸 일도 없다는 사실을 기억하자.

부딪히다 vs 부딪치다

☐ 두 사람은 집안의 반대에 〔부딪혔다/부딪쳤다〕.

☐ 길을 건너다 달려오는 차에 〔부딪혀/부딪쳐〕 사고가 났다.

☐ 우리는 술잔을 〔부딪히며/부딪치며〕 축배를 들었다.

'부딪히다'와 '부딪치다'는 잘못된 사용을 인지하지 못할 정도로 실생활에서 혼용되는 표현이다. 하지만 접미사 '-히-'와 '-치-'가 주는 느낌을 기억하고 접근하면 의외로 구분이 쉽다. 다음 문장에서 보듯이 '부딪다'는 '두 물체(대상)가 힘 있게 마주 닿다', '예상치 못한 상황에 직면하다'라는 의미의 동사다.

> 뱃전에 **부딪는** 잔물결 소리.
> 수술을 해야 한다는 상황에 **부딪게** 되었다.

하지만 우리가 일상적으로 자주 사용하는 것은 '부딪다'보다 '부딪히다' 또는 '부딪치다'일 것이다.

'부딪히다'는 동사 '부딪다'에 피동 접미사 '-히-'가 붙은 형태로 부딪는 행위가 '다른 사람에 의해 행해졌음'을 의미한다. 한편 '부딪치다'는 동사 '부딪다'에 강세 접미사 '-치-'가 붙은 형태로, 동사의 주체가 부딪는 행위를 주도한다는 '강조'의 의미를 포함하고 있다.

> 지나가는 행인에게 **부딪혀** 뒤로 넘어졌다.
>
> 냉혹한 현실에 **부딪히다.**
>
> 파도가 바위에 **부딪쳤다.**
>
> 그 부부는 사사건건 **부딪치더니** 결국 헤어지고 말았다.

간추리기 & 정답 맞추기

동작에 자발성과 주체성이 없으면 '부딪히다', 있으면 '부딪치다'를 선택한다. 구분하기 어렵다면 이 둘을 대체할 수 있는 동사 '부닥치다'를 사용해도 좋다.

☐ 두 사람은 집안의 반대에 **부딪혔다.** (=직면했다)
  → 피동

☐ 길을 건너다 달려오는 차에 **부딪혀** 사고가 났다. (=마주 닿아)
  → 피동

☐ 우리는 술잔을 **부딪치며** 축배를 들었다. (=마주쳐)
  → 능동/주체성, 강조

맞추다 vs 맞히다

☐ 시험이 끝나자마자 친구들과 답을 〔맞혀/맞추어〕보았다.

☐ 이 문제의 정답을 〔맞히는/맞추는〕사람에게는 상품을 준다고
한다.

'맞추다'는 '둘 이상의 일정한 대상들을 나란히 놓고 비교해 살피다', '서로 떨어져 있는 부분을 제자리에 맞게 대어 붙이다'라는 의미의 동사로, 다음과 같은 형태로 쓰인다.

> 문짝을 문틀에 **맞추다.**
> 친구와 답을 **맞추어** 보았다.
> 깨진 조각을 본체에 **맞추어** 붙이다.

한편 '맞히다'는 '맞다'에 사동 접미사 '-히-'가 결합한 사동사로, '틀리지 않게 하다', '주사나 치료를 받게 하다', '물체를 쏘거나 던져 어떤 물체에 닿게 하다'의 뜻으로 풀이된다. 국어사전에서 제시하는 다양한 뜻풀이와 용례를 참고하면 이 둘을 구분해서 사용하는 데 많은 도움이 된다.

아이들에게 주사를 **맞히기** 힘들다.

과녁에 화살을 정확히 **맞혔다.**

열 문제 중에 겨우 세 개만 **맞혔다.**

간추리기 & 정답 맞추기

'비교하다'의 의미가 들어 있으면 '맞추다', '답이 틀리지 않음' 또는 '물체가 대상에 닿음'을 뜻하면 '맞히다'를 선택한다.

☐ 시험이 끝나자마자 친구들과 답을 **맞추어** 보았다.
　 (=비교해)

☐ 이 문제의 정답을 **맞히는** 사람에게는 상품을 준다고 한다.
　 (=틀리지 않는)

결재 vs 결제

□ 밀린 카드 대금을 모두 〔결제/결재〕했다.

□ 부장님께 〔결제/결재〕를 올리다.

'결재'는 '권한을 가진 사람이 서류를 검토해 사인을 하거나 도장을 찍는 행위'를 일컫지만, 발음이 같은 단어 '결제'는 '돈'과 관련이 있다. '물건 값을 카드로 계산'할 때는 '결재'가 아닌 '결제'를 해야 한다.

오전에 제출한 서류를 부장님께서 신속하게 **결재해** 주셨다.

호텔비를 카드로 **결제했다.**

회사가 어음을 **결제하지** 못하면 부도가 난다.

간추리기 & 정답 맞추기

'서류'와 관련이 있다면 '결재', '돈'과 관련이 있으면 '결제'를 쓴다.

□ 밀린 카드 대금을 모두 **결제했다.** (=지불했다)

□ 부장님께 **결재를** 올리다. (=사인받을 서류)

이었다 vs 이였다

☐ 아무리 생각해 봐도 그건 놀랄 일이 〔아니었다/아니였다〕.

☐ 가까이 다가가서 보니 〔사람이었다/사람이였다〕.

많은 사람들이 '이었다' 자리에 '이였다'를 쓰는 실수를 저지른다. 이런 혼란은 왜 생기며 둘 중 맞는 표현은 무엇일까?

'이었다'는 서술격조사 '이다'에 과거를 표시하는 선어말어미 '-었-'이 결합한 형태다. 발음이 [이여따]인 것처럼 느껴지기 때문에 표기까지 그렇게 하는 경우가 많다. 그런데 옳은 발음도 [이여따]가 아니라 [이어따]라는 사실!

간추리기 & 정답 맞추기

'이였다'는 이유 불문하고 틀린 표현이니 헷갈리지 말자.

☐ 아무리 생각해 봐도 그건 놀랄 일이 **아니었다**.

☐ 가까이 다가가서 보니 **사람이었다**.

-든 vs -던

□ 집으로 [가든/가던] 학교로 [가든/가던] 네 맘대로 해라.

□ 이 가방은 우리 엄마가 생전에 [쓰시든/쓰시던] 거다.

'-든'은 '-든지'의 줄임 표현으로 '선택의 결과가 무엇이라도 상관없음'을, '-던'은 '과거의 경험이나 회상'을 뜻한다. '든'과 달리 '던' 뒤에는 '-지'가 붙을 수 없다.

① '-든(지)': 선택

② '-던': 과거

다음의 예문을 통해 각각 어떤 환경에서 사용되는지 확인할 수 있다.

싫든지 좋든지 따를 수밖에 없다.

노래를 **부르든지** 춤을 **추든지** 맘대로 해라.

무엇을 **먹든** 네 선택이다.

이것은 원시인이 **사용하던** 돌칼이다.

그는 대학을 **졸업하던** 해에 결혼하였다.

어릴 적 **살았던** 동네에 가니 추억이 떠올랐다.

'선택' 또는 '택일'과 연관되면 '-든(지)', '시간', 그중에서도 '과거'와 관련이 있으면 '-던'을 쓴다. '든'과 달리 '던'에는 '-지'가 붙을 수 없는 것을 기억하자!

- ☐ 집으로 **가든** 학교로 **가든** 네 맘대로 해라. → 선택/택일
- ☐ 이 가방은 우리 엄마가 생전에 **쓰시던** 거다. → 시간/과거

들르다 vs 들리다

☐ 철수는 편의점에 (들려/들러) 빵과 우유를 샀다.

☐ 음악 소리가 (들리는/들르는) 쪽으로 고개를 돌렸다.

'들르다'는 '지나는 길에 잠깐 들어가 머무르다', '경유하다'는 뜻을 가진 말로 '들러, 들르는, 들르니'의 형태로 바꾸어 활용한다.

한편 '들리다'는 동사 '듣다'의 피동형으로 '들려, 들리는, 들리니'의 형태로 활용한다. 두 동사의 의미가 엄연히 다름에도 불구하고 활용형이 유사해서 헷갈리는 일이 많다.

① '들르다': 경유하다
② '들리다('듣다'의 피동형)': 소리가 나다

다음의 예문을 보며 문맥에 따라 사용되는 형태를 눈에 익히자.

친구 집에 **들르다.**

퇴근하는 길에 포장마차에 **들렀다가** 친구를 만났다.

밤새 천둥소리가 **들렸는데** 아침이 되니 맑게 개었다.

어디선가 음악 소리가 **들린다.**

'들리다'는 '듣다'의 피동형 외에도 다양한 의미를 지닌 동사다. '병에 걸리다', '귀신이나 넋 따위가 덮치다', '감각기관을 통해 소리를 알아차리게 하다', '손에 가지게 되다' 등으로, 각각 '감기가 들리다', '귀신이 들리다', '음악 소리를 들리다', '손에 가방이 들리다'로 사용된다.

간추리기 & 정답 맞추기

'들려, 들리는, 들리니'의 형태로 활용하는 '들리다'가 다양한 의미를 가진 동사인 것과 달리, '들르다'는 오직 '경유하다'의 뜻을 가진 동사로 '들러, 들르는, 들르니'로 활용한다.

☐ 철수는 편의점에 **들러** 빵과 우유를 샀다. (=경유해)

→ '들르다'의 활용

☐ 음악 소리가 **들리는** 쪽으로 고개를 돌렸다. (=흘러나오는)

→ '듣다'의 피동형

안 vs 않

□ 이 영화는 청소년이 관람하면 (안 된다/않된다).

□ 건강을 잃지 (안 되/않되) 끝까지 최선을 다해라.

'안'은 '아니', '않'은 '아니 하'의 줄임말이므로 각각 기본형을 넣어서 말이 되는 하나를 선택하면 된다.

나는 무슨 음식이든 고기로 만든 것은 **안(아니)** 먹는다.

이제부터 나 너랑 짝 **안(아니)** 해.

오늘은 휴일이라서 학교에 **안(아니)** 간다.

인심을 잃지 **않(아니 하)**되 대표로서 사업에 최선을 다하라.

간추리기 & 정답 맞추기

'아니'가 말이 되면 '안', '아니 하'가 말이 되면 '않'을 선택한다.

□ 이 영화는 청소년이 관람하면 **안 된다.** (=아니 된다)

□ 건강을 잃지 **않되** 끝까지 최선을 다해라. (=아니 하되)

염두에 vs 염두해

☐ 이번 일을 항상 〔염두에/염두해〕 두어라.

☐ 의대로 진학하는 것은 아직 〔염두에/염두해〕 놓지 않았다.

염두念頭는 '마음속'을 의미하는 명사로 '염두에 두다'는 '마음속에 두다', 즉 '중요하게 생각하다'라는 뜻을 갖는다. '염두 밖의 일', '염두에(도) 없다', '염두에 놓다' 등의 형태로 사용된다.

이와 혼동하는 대표 형태로 '염두해 두다'가 있는데 '염두' 자체가 명사이므로 활용어미가 뒤에 올 수 없다. 그러므로 '염두하다'도, 활용형 '염두해'도 틀린 표현이다.

간추리기 & 정답 맞추기

'염두하다'는 한국어에 없는 표현이다. 명사 '염두'는 활용할 수 없고 반드시 조사가 함께 온다는 점을 '염두'에 두자.

☐ 이번 일을 항상 **염두에** 두어라.

☐ 의대로 진학하는 것은 아직 **염두에** 놓지 않았다.

삼가다 vs 삼가하다

□ 불필요한 외출을 〔삼가/삼가해〕 주세요.

□ 어른 앞에서는 행동을 〔삼가야/삼가해야〕 한다.

'삼가다'는 '몸가짐이나 언행을 조심하다', '꺼리는 마음으로 양이나 횟수가 지나치지 않도록 하다'는 뜻을 가진 동사다. 자칫 '삼가다'의 동사형을 '삼가하다'로 착각하기도 하는데 '삼가다'는 어법상으로도 그 자체로 이미 동사다. 그러므로 동사를 만드는 접미사 '-하다'가 붙은 것 같은 형태의 '삼가하다'는 존재할 수 없는 틀린 표현이다. '삼가다'의 활용형은 '삼가, 삼가고, 삼가니, 삼가면, 삼가야' 등이다.

따라서 '앞 동사의 행위가 다른 사람에게 영향을 미침'을 나타내는 '동사+-아/어 주다'의 형태로 바꿀 때도 '삼가해주세요'가 아닌 '삼가주세요'가 되어야 한다. 틀린 표현을 '삼가도록' 유의하자.

> 말을 **삼가다**.
>
> 그는 건강을 위해 술 담배를 **삼가기로** 했다.
>
> 그런 문제에까지 반감을 노출하는 행동은 **삼가는** 게 좋다.

'삼가하다'는 '삼가다'의 틀린 표현임을 기억하자.

☐ 불필요한 외출을 **삼가주세요.**

☐ 어른 앞에서는 행동을 **삼가야** 한다.

이것이 궁금했어요

Q. '삼가 고인의 명복을 빕니다'의 '삼가'도 '삼가다'에서 온 표현인가요?

A. 맞습니다. 이 문장에서 '삼가'는 '겸손하고 조심하는 마음으로 정중하게'라는 뜻의 '부사'로 쓰였어요.

때우다 vs 떼우다

☐ 게임은 심심할 때 시간을 [떼우기/때우기] 좋다.

☐ 늦잠을 자는 바람에 아침을 빵으로 [떼웠다/때웠다].

'때우다'는 '남는 시간을 다른 일로 보내다', '간단한 음식으로 끼니를 대신하다', '다른 수단을 써서 어떤 일을 보충하거나 대충 해결하다'는 뜻의 동사다. 이런 의미를 그대로 살린 표현이 바로 '시간을 때우다', '점심을 때우다', '몸으로 때우다' 등이다.

반면 '떼우다'는 '(남에 의해) 자식이나 땅을 잃음'이라는 뜻의 북한말 또는 '떼다'와 '띄우다'의 경기도 방언으로만 존재한다. 우리나라에서는 잘 쓰이지 않을 뿐만 아니라 표준어도 아니기 때문에 〈표준국어대사전〉에는 등재되어 있지도 않다. 따라서 '때우다'만 사용하는 것으로 기억하면 쉽다.

> 구멍을 **때우다.**
> 고마움을 말로 **때웠다.**
> 자전거 바퀴를 **때우다.**
> 쇼핑을 하며 시간을 **때웠다.**

우리가 일상적으로 사용하는 의미의 동사는 오직 '때우다'뿐
이다. '때우다'와 전혀 관련이 없는 '떼우다'와 헷갈리지 말자.

☐ 게임은 심심할 때 시간을 **때우기** 좋다.

    (=보내기)

☐ 늦잠을 자는 바람에 아침을 빵으로 **때웠다.**

    (=대신했다/보충했다)

이따가 vs 있다가

□ 자세한 얘기는 〔있다가/이따가〕 만나서 합시다.

□ 집에서 좀 〔있다가/이따가〕 갈게.

'이따(가)'는 '조금 지난 뒤에'라는 뜻의 부사다. 그 자체로 시간의 의미를 내포하고 있는 부사이기 때문에 '조금, 30분만' 등과 같은 시간 부사어의 수식을 받을 수 없다. 따라서 흔히 사용하는 '조금 이따(가)'라는 문장도 틀린 표현이다. 의미상으로 '조금 이따(가)'는 '조금 조금 지난 뒤에'의 꼴이 되어버리므로 의미가 겹쳐 성립되지 않는 것이다.

한편 '있다'는 '얼마의 시간이 경과하다'는 뜻의 동사다. 따라서 '조금 있다가'와 같이 시간 부사의 수식을 받아도 자연스럽다.

너 **이따** 나 좀 보자.

이따 오후 세 시 반 비행기로 떠날 예정이다.

공부는 **이따가** 할게요.

30분만 **있다가** 출발하자.

기차는 1시간만 **있다가** 떠난다.

'잠시 후, 조금 뒤에'와 바꿔 쓸 수 있으면 '이따(가)', '머무르다'
는 의미를 가지면 '있다가'를 넣는다. 또한 동사 '있다'는 부사의
수식을 받는 것이 자연스럽지만 '이따(가)'는 그렇지 않다는 점
도 기억하자. '30분 있다가'는 맞지만 '30분 이따가'는 틀리다.

☐ 자세한 얘기는 **이따가** 만나서 합시다. (=잠시 후)
☐ 집에서 좀 **있다가** 갈게. (=머무른 후)

일부러 vs 일부로

□ 학생들의 기를 살려주려고 [일부러/일부로] 쉬운 문제를 냈다.

□ 나는 알면서도 [일부러/일부로] 모르는 척했다.

'일부러'는 '어떤 목적이나 생각을 가지고'의 뜻을 가진 부사다. '일부러'와 형태나 의미가 유사한 '실없이 거짓으로', '특별한 의도로'라는 뜻의 부사 '부러'와 함께 기억하면 좋다. 틀린 표현인 '일부로'와 혼동하지 말자.

일부러 찾아가다.

일부러 눈감아 주다.

나는 **부러** 무표정한 얼굴을 했다.

간추리기 & 정답 맞추기

'일부로'는 '일부러'의 잘못된 표기이니 발음을 혼동해 틀리는 일이 없도록 주의하자.

□ 학생들의 기를 살려주려고 **일부러/부러** 쉬운 문제를 냈다.

□ 나는 알면서도 **일부러/부러** 모르는 척했다.

-을(ㄹ)게 vs -을(ㄹ)께 / -거 vs -꺼

□ 내가 내일 다시 (연락할게/연락할께).

□ 이 책은 내 (거야/꺼야).

□ 이 가방은 내 (게/께) 아니다.

약속의 종결어미 '-을(ㄹ)게'의 경우, 현실 발음 때문에 '-을(ㄹ)게' 대신 '-을(ㄹ)께'로 잘못 표기하는 경우가 상당히 많다. 물음을 나타내는 종결어미 '-을(ㄹ)까'가 발음이나 표기상 모두 된소리인 점이 혼란을 더한 것이라는 생각도 든다. 그러나 이를 제외한 '-을(ㄹ)걸, -을(ㄹ)지'와 같은 어미 모두 된소리로 표기하지 않는다. '것'의 구어 표현 '거'라든가 '것이'의 줄임 표현 '게' 역시 발음 때문에 '-꺼'나 '-께'로 잘못 적는 경우가 잦은데 각각 '-거'와 '-게'가 맞는 표현이다.

그래도 헷갈린다면 의문을 나타낼 때를 제외하고는 된소리를 쓰지 않는 것으로 기억해도 좋다.

> 환경보호를 위해 내가 장바구니 **챙길게.**
>
> 내 **거** 네 **거** 따지지 말고 다 같이 아껴 쓰자.
>
> 냉장고에 먹을 **게** 없구나.

간추리기 & 정답 맞추기

현실 발음이 된소리로 나더라도 표기는 된소리로 하지 않는다.

- ☐ 내가 내일 다시 **연락할게.**
- ☐ 이 책은 내 **거야.**
- ☐ 이 가방은 내 게 아니다.

금세 vs 금새

☐ 아까 밥을 먹었는데 (금세/금새) 다시 배가 고프다.

☐ 나쁜 소문일수록 (금세/금새) 퍼진다.

'금세'는 '지금 바로'의 뜻을 가진 부사로 '금시에'의 줄임 표현이다. 표기를 혼동해 '금새'로 쓰는 경우도 많은데 '금세'의 틀린 표현이므로 사용하지 않아야 한다. '금세'는 '금방'과 바꿔 쓸 수 있다.

시간이 **금세** 지나가다.

감기약을 먹으니 열이 **금세** 내렸다.

간추리기 & 정답 맞추기

'금세'는 '금시에'가 줄어든 말이다. '금새'와 발음이 비슷해서 헷갈리기 쉬우니 주의하자.

☐ 아까 밥을 먹었는데 **금세** 다시 배가 고프다.
☐ 나쁜 소문일수록 **금세** 퍼진다.

아니요 vs 아니오

☐ 교실 안에서는 떠들지 [마십시오/마십시요].

☐ 다음 물음에 예 또는 [아니오/아니요]로 답하시오.

'아니요'와 '아니오'도 자주 틀리는 대표적인 맞춤법이다. 결론부터 말하면 한국어에 '-요'로 끝나는 종결어미는 존재하지 않는다. 존재하는 종결어미는 오직 '-오'뿐이다. 따라서 '교실에서 떠들지 마십시요'는 틀린 표현이다.

그럼에도 불구하고 많은 사람들이 '떠들지 마십시요'를 맞는 표현으로 착각한다. 바로 존칭 보조사 '-요' 때문이다. '-요'는 '먹어→먹어요, 가→가요'처럼 반말체 종결어미 '-아/어'와 결합해 해요체를 만드는 보조사다. 따라서 '-아/어'와 '-요'가 결합한 경우에만 '먹어요, 가요, 해요' 등의 형태를 띈다.

한편 '예'에 대응하는 말이 '아니오'인지 '아니요'인지도 헷갈리기 쉬운데, 이 중 맞는 표현은 '아니요'다. '아니요'는 '예'에 대응하는 '감탄사'다. 방금 살펴본 존칭 보조사 '-요'나, 종결어미 '-오'와는 아무런 관련이 없는 단어다.

손님, 어서 **오십시오.**

문은 앞으로 밀어서 **여십시오.**

큰소리로 말씀해 **주십시오.**

빈 그릇은 직접 카운터로 가져와 **주십시오.**

간추리기 & 정답 맞추기

문장을 끝맺는 종결어미는 '-오'뿐이며, 대답의 감탄사 '예'의
경우에는 같은 품사인 '아니요'만 대응한다.

☐ 교실 안에서는 떠들지 **마십시오.** → 하오체 종결어미
☐ 다음 물음에 예 또는 **아니요로** 답하시오. → 단일어/감탄사

며칠 vs 몇일

□ 우리는 〔몇일/며칠〕을 라면으로 끼니를 때웠다.

□ 너는 생일이 몇 월 〔몇일/며칠〕이야?

'며칠'과 '몇일'은 발음을 통해 올바른 표기를 확인할 수 있다. 이를 위해 국어사전에서 두 단어를 찾아보자. '며칠'은 '그달의 몇째 되는 날'이라는 뜻의 명사로 [며칠]로 발음한다고 나온다. 그런데 '몇일'은 검색 결과가 나오지 않는다. 즉 표준어가 아니라는 의미다.

왜 '몇 월'은 맞는데 '몇일'은 틀릴까? 그 이유는 '며칠'이 '몇+일'의 구성이 아니기 때문이다. '몇 월'은 '몇'과 '월'의 결합으로 이루어져 있으므로 [며뒬]로 발음하지만, '며칠'은 '몇+일'에서 온 단어가 아니므로 [며딜]이 아닌 [며칠]로 발음하는 것이다. 〈한글 맞춤법〉 제27항에서는 '며칠'과 같이 어원이 분명하지 않은 것은 원형을 밝혀 적지 않는다고 규정하고 있으므로, 현실 발음을 살려 '며칠'로 적는다.

> 오늘이 **며칠**이지?
>
> 그는 **며칠** 동안 아무 말이 없었다.

표준어는 '며칠'뿐이다. 발음이나 어원 등의 설명을 기억하기
어렵다면 '몇 월 며칠'의 형태를 그냥 외우자.

☐ 우리는 **며칠**을 라면으로 끼니를 때웠다.

☐ 너는 생일이 몇 월 **며칠**이야?

피우다 vs 피다

□ 담배를 (피는/피우는) 청소년이 늘고 있다.
□ 공공장소에서는 소란을 (피지/피우지) 마세요.

담배는 '피는' 것이 맞을까, 아니면 '피우는' 것이 맞을까? 정답부터 말하면 '피우다'가 맞다.

담배와 함께 사용하는 동사 '피우다'는 '어떤 물질에 불을 붙여 연기를 빨아들였다가 내보내다'라는 뜻을 가진 타동사다. '불이 일어나 스스로 타다'라는 의미의 동사 '피다'에 사동 접미사 '-우-'가 결합된 형태로 목적어를 반드시 필요로 한다. 그러므로 목적어인 '담배' 뒤에는 '피다'가 아닌 '피우다'를 써야 하는 것이다.

이외에 '소란을/냄새를/게으름을/꽃을 피우다'의 '피우다'도 의미는 다르지만 같은 방식으로 목적어가 필요한 타동사다.

> 벌써 수능 100일 전인데 **게으름을 피우면** 안 된다.
> 올해도 우리 집 나무가 예쁜 **꽃을 피웠다.**
> 교실에서 **소란을 피우지** 마시오.
> 산에서 **불을 피우는** 행위는 엄격히 제한됩니다.

동사 '피다' 앞에 목적어가 오면 타동사 '피우다'를 써야 한다.

☐ 담배를 **피우는** 청소년이 늘고 있다. → 목적어+타동사

☐ 공공장소에서는 소란을 **피우지** 마세요. → 목적어+타동사

문장의 의미까지
바꾸는 띄어쓰기

다음 문장의 밑줄 친 부분을 바르게 띄어쓰기하자.

가는 데 vs 가는데

□ 콩 **심은데** 콩 나고 팥 **심은데** 팥 난다.

□ **심심한데** 게임이나 할까요?

띄어쓰기의 기본 원칙 중 하나는 '조사를 제외한 모든 단어는 띄어서 써야 한다'는 것이다. '데'는 '곳, 장소, 일'을 뜻하는 의존명사로 독립된 하나의 단어다. 그러나 의미가 형식적이기 때문에 단독으로 쓰지 못하고 수식어의 도움을 받아 사용할 수 있다. 따라서 의존명사는 수식하는 말과 함께 나오되 반드시 띄어서 써야 한다.

한편 '-데'는 상황을 나타내거나 대립하는 사실을 연결하는 어미 '-은/는데'의 일부로도 쓰인다. 어미는 홀로 띄어 쓸 수 없으므로 당연히 앞의 말과 붙여서 적어야 한다.

① 의존명사 '데': 일(것), 장소(곳)
② 연결어미 '-(은/는)데': 상황, 대립

다음의 예문을 통해 의존명사와 연결어미의 띄어쓰기 차이를 확인할 수 있다.

> 지금 **가는 데**가 어디냐?
> 그 책을 다 **읽는 데** 사흘이 걸렸다.
> 주말에 영화를 **봤는데** 너무 지루했다.
> 형은 키가 **큰데** 동생은 작다.

이처럼 '데'는 띄어쓰기에 따라 의미가 달라지는 단어다. 따라서 의미를 제대로 전달하기 위해서는 띄어쓰기에도 신경을 써야 한다. 다행히도 의존명사와 연결어미를 구분하는 방법은 아주 간단하다. '데' 자리에 '것

(곳)에'를 넣어보면 안다. 넣어서 말이 되면 '의존명사'이고, 말이 안 되면 '연결어미'다.

예를 들어 '콩 심은데 콩 나고 팥 심은데 팥 난다'라는 문장은 '콩 심은 곳에 콩 나고'로 바꿔도 자연스럽다. '데'가 의존명사이기 때문이다. 따라서 이 문장은 '콩 심은 데 콩 나고 팥 심은 데 팥 난다'로 띄어서 써야 한다.

반면 '심심한데 게임이나 할까요?'라는 문장은 '데' 대신 '것(곳)에'를 넣으면 어색하다. 이 문장의 '-데'는 '연결어미'의 일부로 쓰였기 때문이다. 그러니까 붙여서 쓰는 것이 맞다.

간추리기 & 정답 맞추기

'데' 자리에 '것(곳)에'를 넣어보자. 넣어서 말이 되면 '의존명사', 이상하면 '연결어미'다. 단어는 띄어쓰기의 단위라는 사실을 잊지 말자.

☐ 콩 **심은**∨데 콩 나고 팥 **심은**∨데 팥 난다.
　→ 의존명사, 것/곳
☐ **심심한데** 게임이나 할까요?
　→ 연결어미, 상황/대립

한번 vs 한 번

☐ 내가 만든 음식인데 간이 맞는지 **한번** 먹어볼래?

☐ 하루에 **한번** 운동하기, 다 같이 실천해 볼까요?

앞서 이야기했듯이 조사를 제외한 모든 단어는 띄어서 쓴다. 따라서 '한'과 '번'이 붙어 있는 '한번'은 한 단어이고, '한'과 '번'을 띄어서 쓴 '한 번'은 각각의 두 단어다. 한 단어인 '한번'은 '시도, 강조, 일단'의 뜻을 가진 부사다. 따라서 이런 의미로 사용할 경우 '한'과 '번'은 반드시 붙여서 써야 한다. 주로 '-아/어 보다' 구성에 자주 나타난다.

반면 두 단어가 결합한 형태인 '한(단어1)+번(단어2)'은 수사 '한'과 횟수나 차례를 뜻하는 의존명사 '번'이 결합한 경우다. 이때는 '횟수'에 방점이 찍히기 때문에 '한 번' 대신 '두 번, 세 번'을 넣어도 문장이 어색하지 않다. '두 번, 세 번'이 아닌 '한 번', '두 차례, 세 차례'가 아닌 '한 차례'라는 의미를 가지기 때문이다. 횟수나 차례를 언급하는 문장에서는 '한 번' 자리에 '두 번, 세 번'을 바꿔 넣어보자. 의미가 통한다면 띄어서 쓰고 어색하다면 부사 '한번'을 사용해야 한다.

한번 엎지른 물은 다시 주워 담지 못한다.

⬇

두 번 엎지른 물은 다시 주워 담지 못한다. (X)

제가 **한번** 도전해 보겠습니다.

⬇

제가 **두 번** 도전해 보겠습니다. (X)

그 식당에 딱 **한 번** 가봤다.

⬇

그 식당에 딱 **두 번/세 번**… 가봤다. (O)

간추리기 & 정답 맞추기

'하나' 대신 '둘/셋/넷'을 넣어서 말이 되면 띄어서 쓰고, 어색하면 붙여서 쓴다.

☐ 내가 만든 음식인데 간이 맞는지 **한번** 먹어볼래?
   → 부사, 시도
☐ 하루에 한∨번 운동하기, 다 같이 실천해 볼까요?
   → 수사+의존명사, 횟수

노력만큼 vs 노력한 만큼

☐ 나도 **너만큼** 잘할 수 있어.

☐ 나는 **노력한만큼** 발전한다고 믿는다.

'만큼'이 '앞말과 비슷한 정도(한도)임'을 나타내는 격조사로 쓰였거나, 연결어미 '-어서' 뒤에 붙어 앞말에 한정됨을 나타내는 보조사로 사용되었을 경우는 앞말과 붙여서 쓴다. 조사는 띄어쓰기 적용을 받지 않는 유일한 단어임을 잊지 말자.

> 집을 **대궐만큼** 크게 짓다.
>
> 나도 **너만큼은** 할 수 있다.
>
> 철수는 자신이 맡은 **일에서만큼은** 최고의 전문가다.

반면 '만큼'은 어미 '-은, -는, -을, -던'과 같은 형태의 관형형의 수식을 받는 의존명사로서의 역할도 한다. 이때는 '앞의 내용에 상당한 수량이나 정도임'을 나타내거나 '뒤에 나오는 내용의 원인이나 근거가 됨'을 보여주며 앞말과 띄어서 적는다. 형태는 같아도 띄어쓰기에 따라 문장에서의 역할은 전혀 다르다.

무슨 일이나 **노력한 만큼** 대가를 얻는다.

그곳은 내 숨소리가 **들릴 만큼** 조용했다.

심사관이 철저히 **검사하는 만큼** 나도 준비를 철저히 했다.

간추리기 & 정답 맞추기

'만큼'을 바르게 사용하려면 앞에 있는 단어의 형태를 확인해야 한다. 만약 앞의 말이 '공부, 노력'과 같은 체언(명사, 대명사, 수사)이면 '만큼'이 조사로 쓰였으므로 둘을 붙여서 쓴다. 하지만 '공부하는, 노력한' 같은 관형형이 앞에 올 경우 '만큼'은 의존명사이므로 둘을 띄어서 쓴다.

☐ 나도 **너만큼** 잘할 수 있어.
    → 대명사+조사

☐ 나는 **노력한∨만큼** 발전한다고 믿는다.
    → 관형형+의존명사

못하다 vs 못 하다

☐ 나는 한국 사람이라서 프랑스어는 **못한다.**

☐ 급히 퇴근하느라 상사에게 인사도 **못하고** 나왔다.

'못하다'는 어떤 행위가 일정 수준(능력)에 못 미치는 경우, '못 하다'는 할 능력이 되고 하고 싶지만 형편상 할 수 없는 경우에 쓴다. 예를 들어 맥주 한 모금에도 심장이 뛰고 얼굴이 빨개져서 한 잔도 마시지 않는다면 '술을 못하다'로 붙여 쓰는 것이 맞다. 하지만 원래 술을 잘 마시지만 운전 때문에 마시지 않는다면 '술을 못 하다'로 띄어서 써야 한다.

① '못하다': 능력이 없거나 모름
② '못 하다': 하고 싶지만 상황이 여의치 않음

수준이나 능력의 문제인지, 의지나 노력의 문제인지에 따라 띄어쓰기가 달라진다.

> 민수는 공부를 **못한다.** 이번에도 반에서 꼴찌를 했다.
>
> 제임스 씨는 미국인이라서 한국식으로 인사를 **못한다.**

민수는 동생이 하도 떠들어서 어제 공부를 많이 **못 했다.**

급히 버스에 오르느라 작별 인사도 **못 했다.**

한 달간 vs 부부 간

☐ 유학을 하느라 **3년간** 고향에 못 갔다.

☐ 부모와 **자식간**에도 지켜야 할 선이 있는 법이다.

'시간'의 경과(동안)를 뜻하는 '-간^間'은 접사다. 접사는 단독으로 쓰이지 못하고 항상 다른 말에 붙어서 단어를 이루는 특징이 있으므로 앞의 말과 붙여서 써야 한다. 하지만 '거리, 관계(사이)'를 뜻하는 '간^間'은 의존명사로서 독립적인 한 단어다. 앞에 놓인 수식어와 반드시 띄어서 쓰도록 유의해야 한다.

① 접사 '-간': 시간
② 의존명사 '간': 거리, 관계

헷갈리는 띄어쓰기가 모두 그렇듯 접사 '-간'과 의존명사 '간'도 막상 글을 쓸 때는 구분하는 방법이 잘 생각나지 않을 수 있다. 이때는 '거리, 관계'라는 의미 자체를 떠올려보자. 가족이라 할지라도 사람 사이에는 어느 정도의 거리가 필요한 것처럼 '거리, 관계'를 나타내는 의존명사 '간'도 띄어쓰기가 필요한 것이다.

세일은 앞으로 **한 달간** 진행합니다.

10월 말까지 **서울과 부산 간** 야간열차를 운행한다.

누구나 잘 쓸 수 있다

돌이켜 보면 나에게도 글쓰기가 어려웠던 시절이 있었다. 그때는 논문이 너무 쓰기 싫어서 직업을 바꿔야 하나 진지하게 고민까지 했다. 논문 생각만 하면 걱정이 돼서 밥맛도 없고 자다가도 벌떡 일어날 때가 한두 번이 아니었다.

하지만 시간이 흘러 글쓰기에 대한 불안감으로 심한 홍역을 앓던 나날은 과거가 되었다. 이제는 대학에서 학생들에게 글쓰기 수업을 하고, 관련 논문 인터뷰 영상은 조회수 200만까지 기록했다. 여기에 더해 글쓰기 책의 저자까지 되다니 인생은 참 아이러니하다.

글쓰기에 두려움을 가진 사람은 생각보다 많다. 컴퓨터 앞에 앉아 글을 쓰려고 하면 막막함에 눈앞부터 캄캄해 질 정도다. 글을 쓰기 전 이런 감정이 든다면 글쓰기에 대한 부정적 경험이 꾸준히 쌓였을 가능성이 높다.

누구나 인생을 살면서 어떤 대상에 대한 평가나 이미지 같은 것을 축적한다. 긍정적인 경험이나 피드백이 쌓이면 자연스레 흥미와 자신감이 붙듯, 글쓰기 습관도 마찬가지다. 부정적 평가를 계속해서 받았을 경우 글쓰기가 두려움으로 다가올 수 있다.

하지만 글은 누구나 쓸 수 있다. 그리고 몇 가지 팁을 활용하면 꽤 훌륭하게 잘 쓸 수도 있다. 읽기가 인풋이라면 쓰기는 아웃풋이다. 말을 잘하려면 잘 들어야 하듯이 잘 쓰려면 일단 많이 읽어야 한다. 책을 읽으면 모델로 삼고 싶은 문장이나 문체를 만날 수 있고, 이렇게 찾은 좋은 문장들은 실제로 글을 쓸 때 큰 도움이 된다.

글을 읽으면서 마음에 드는 작가가 생겼다면 그 작가가 쓴 다른 작품들을 하나씩 찾아 읽어보는 것도 좋다. 특정 작가가 마음에 든다는 것은 그 작가의 문체나 집필 스타일이 자신에게 잘 맞는다는 것을 의미하기 때문이다.

만약 책 읽을 시간이 없다면 좋은 문장을 일상에서 자주 접하는 방법도 추천한다. 신문 칼럼은 A4 용지 한 장 내외의 분량으로 읽기에 부담은 적지만, 논리나 구성이 탄탄해서 짜임새 있는 글을 익히는 데 많은 도움이 된다. 게다가 역사, 미술, 정치, 경제, 사회 등 신문사마다 칼럼의 주제도 무척 다양해서 각자 취향에 맞게 골라 읽을 수 있다.

글은 내용 못지않게 '구성'도 중요하다. 구조가 탄탄한 글은 이해하기 쉽고 읽는 사람에게 글의 주제도 효과적으로 전달한다. 글을 논리적으로 잘 쓰기 위해서는 그렇게 작성된 글을 자주 접하는 것이 좋다.

아예 글을 읽을 여유가 없을 때는 '필사'를 하는 방법도 있다. 필자의 경우 아주 바쁠 때는 장르 상관없이 반쪽짜리 시나 명언을 필사하기도 한다. 이렇게 하면 가랑비에 옷 젖듯 조금씩 글과 친해질 수 있다.

처음부터 완벽할 수는 없다. 많은 사람들이 처음부터 완벽한 글을 쓰려고 고치고 또 고치다가 결국 완성도 못하고 포기하고 만다. 글을 한 편 써야 한다면 가능한 빨리 초고를 완성한 뒤 퇴고하는 것이 좋다. 일단 수정하지 않고 '휘리릭' 거칠게 쓴 다음 고쳐쓰기에 더욱 많은 시간과 정성을 쏟는 것이다.

맞춤법, 어법에 대한 부담을 내려놓고 전반적인 원고를 완성한 후에 글에 살을 붙이고 문장을 다듬어 나가는 것이 글을 잘 쓰는 지름길이다. 저명한 극작가 조지 버나드 쇼George Bernard Shaw도 초고보다 퇴고에 심혈을 기울인 것으로 유명하다.

끝으로 매일 글 쓰는 습관을 가질 것을 추천한다. 다이어리에 일기나 일정을 적는 것도 좋고 블로그나 SNS에 끄적이는 짧은 감상도 좋다. 각자 선호하는 방식이나 매체를 이용해 매일 꾸준히 쓰다 보면 자기 생각을 표현하는 것이 자연스럽게 느껴지고 표현하는 방법도 점점 세련되고 나아질 것이다.

이렇게 글쓰기에 대한 긍정적 경험들이 하나둘 쌓이면 자기 만족을 위한 글쓰기에서 비평, 에세이, 칼럼같이 다른 사람에게 보여주거나 평가받고 싶은 글쓰기로 나아갈 수 있다. 세상에 연습 이기는 장사는 없다고 하지 않는가.

누군가 운동 습관을 A4 종이 쌓는 일에 비유하는 것을 들은 적이 있다. 운동이나 다이어트는 처음 시작했던 마음을 꾸준히 유지하기가 어렵다. 하루 이틀 열심히 한다고 눈에 띌 정도로 살이 빠지거나 건강이 나아진 느낌이 들지 않기 때문이다.

A4 용지 또한 한두 장의 두께는 보잘것없이 얇다. 하지만 꾸준히 50장, 100장, 1000장 쌓아가다 보면 어느새 한 손으로 들 수 없을 정도의 두께가 된다. 이렇게 하루에 종이 한 장씩 쌓는 마음으로 글을 써보면 어떨까? 꾸준함의 힘이란 바로 이런 것이다.

개인적으로 '괄목상대刮目相對'라는 한자 성어를 좋아한다. '눈을 비비고 상대방을 본다'는 뜻으로, '남의 학식이나 재주가 놀랄 만큼 부쩍 늘었음'을 의미한다. 결국 '괄목상대'가 되기까지는 수많은 노력과 여러 환경이 필요하다.

'정말 좋은 책은 독자를 괄목상대하게 만든다'고 믿는다. 실제로 단 몇 권의 책은 사람들의 삶을 송두리째 바꿔놓기도 한다. 단 몇 분이라도 이 책을 통해 문장을 보는 안목이 생기고, 글쓰기에 대한 흥미와 감을 가지게 된다면 필자로서 더 바랄 나위가 없겠다.

스물 이후 꼭 알아야 하는
상황별 글쓰기

글쓰기 전 던져야 할 질문 5

- **글에 관해** | 글을 쓰는 목적은 무엇인가?

- **읽는 이에 관해** | 누가 이 글을 읽는가?

  그들의 지식 수준은 어떠한가?

  글에서 얻고자 하는 바가 무엇인가?

- **글쓴이에 관해** | 어떤 평가를 받고 싶은가?

때와 장소에 맞는
인상적인
메일 작성법

대학에서 학생들을 가르친 지 꽤 오랜 시간이 흘렀지만 학생들의 메일 작성 매너는 늘 제자리걸음인 느낌이 든다. 디지털 모바일 환경에 누구보다 익숙한 세대인데도 왜 유독 메일 작성은 서투른 것일까? 그 이유 역시 이들이 디지털 모바일 환경에 익숙한 세대라는 점에서 찾아야 할 것 같다. 특히 메일이나 SNS, 메신저 모두 똑같은 모바일 기기를 통해 주고받을 수 있다는 점에 그 원인이 있다.

메일은 카카오톡 같은 메신저나 문자메시지가 아니다. 편지를 온라인이라는 공간으로 옮겨오면서 내용이나 형식은 많이 간소화되었지만 편지의 본질까지 잃어버린 것은 아니다. 편지는 사적이든 공적이든 어느 정도의 기본 형식을 갖추어 써야 한다. 너무 산만하게 늘어놓아서도, 단문 메시지를 보내듯 서두와 결론 없이 써서도 안 된다. 기본 구조는 갖추되 내용을 압축해서 보여주는 메일 작성 기술이 필요하다.

다음은 1학년 학생에게 실제로 받은 메일의 한 사례다. 평소 메일이야말로 글쓰기의 기본 중 기본이라고 생각했는데, 이런 메일을 받으니 몹시 당황스러웠다. 머릿속이 복잡해지고 얼굴이 화끈거리는 감정을 진정하며 더 늦기 전에 잘못된 메일 쓰기 습관을 바로잡아야겠다는 생각이 들었다. 그렇게 아주 기본적이지만 그만큼 중요한 항목을 꼽아 '메일 작성법'을 정리했다. 참고로 메일에 언급된 이름은 가명이다.

제목: 전찬수(코로나 공결 확인)

이메일 보내는 걸 깜빡했습니다. 늦어서 죄송합니다. 그럼 수고하세요.

- 첨부 파일: 코로나 확진 판정 서류

제목은 메일이 반드시 갖추어야 할 기본적인 양식이다. 하루에도 수십여 통의 메일을 받는 수신자 입장에서 메일의 제목은 상당히 중요하다. 제목만으로도 메일의 중요성이나 긴급성을 가늠할 수 있기 때문이다. 다음과 같이 말머리를 달면 메일의 가독성이 높아질 뿐만 아니라 메일의 인상도 좋아진다. 이때 제목 길이는 너무 길지 않게 한눈에 식별이 가능한 다섯 어절 내외로 한다.

제목: [경영학과/전찬수] 코로나 공결 서류 제출

메일의 본문이 갖추어야 하는 기본 항목은 적게는 세 가지에서 많게는 일곱 가지에 이른다. 그 첫 번째는 인사말이다. 특히 이메일은 보내는 대상이 발신자의 상급자이거나 공적인 상황이 대부분이기 때문에 인사말은 필수다(설령 매일 보는 사이라도!). 인사와 동시에 상대의 이름과 직급(직위)을 함께 언급하는 것이 좋다.

안녕하세요. 이연정 교수님.

첫인사를 했다면 이어서 간단히 자기소개를 한다. 많은 학생들이 이름이나 학번만 밝히면 교수가 자신을 알 것이라 생각하고 이 단계를 생략하는 경우가 많다. 심지어 메일 주소만 보고 자신이 누구인지 맞혀보라는 듯 발신자 정보 없이 메일을 보내는 경우도 있다. 학생들이 메일을 보내는 목적은 성적이나 과제, 출석 등 대부분 비슷하다. 그러므로 소속(전공)을 확실히 해야 여러 학생들 사이에 혼란을 방지할 수 있고 교수자의 업무 효율성도 높일 수 있다.

> 저는 교수님의 글쓰기 수업을 듣고 있는 경영학과 1학년 전찬수라고 합니다.

자기소개를 마쳤다면 본격적으로 메일을 보낸 용건을 밝히도록 한다. 메일처럼 신속하게 처리해야 하는 문서일수록 중심 내용이 앞에 오는 두괄식이 적절하다. 서론-본론-결론, 기승전결 같은 일반적인 글의 구성과 메일을 혼동하면 안 된다. 본문에는 메일을 쓴 이유와 목적, 메일을 받은 사람이 이후 취할 행동 등 핵심적인 내용을 중점적으로 담는다.

> 제가 코로나 확진으로 이번 주 3/24(화) 수업 참석이 어렵습니다. 코로나 확진 서류를 첨부하오니 공결 처리 시 참고 부탁드립니다.

본문에서 용건을 밝혔다면 인사말로 메일을 마무리한다. 이때 '수고하세요' 혹은 '고생하세요'는 대상을 불문하고 마무리 인사말로는 적절하지 않으니 주의하자. 그냥 간단히 '안녕히 계십시오. 다음에 뵙겠습니다. 고맙습니다' 정도면 충분하다. 이렇게 미리 감사한 마음을 전함으로써 메일을 받은 사람이 신속한 업무 처리를 하도록 유도할 수도 있다.

> 그럼 건강한 모습으로 다음 수업 시간에 뵙겠습니다. 감사합니다.

마지막으로 반드시 확인해야 하는 사항이 파일 첨부다. 본문까지 완벽하게 작성하고 나서 깜박하고 파일을 누락한 경험이 있을 것이다. 이후 파일을 다시 보낼 때 본문을 다시 작성해야 하는지, 또 제목은 어떻게 써야 하는지 몹시 난처하다.

많은 사람들이 하기 쉬운 실수인데, 특히 상대방과 어려운 관계이거나 공적으로 중요한 문건이라면 덤벙댄다는 인상을 남길 수도 있으니 더욱 유의해야 한다. 따라서 보낼 파일이 있다면 파일을 먼저 첨부해 놓고, 이어서 메일 본문을 작성하는 것이 실수를 미연에 방지하는 좋은 방법이다.

그러면 지금까지 살펴본 메일 작성법에 유의하면서 전체적으로 수정한 메일을 보자. 적은 분량으로도 메일을 보내는 목적과 용건이 명확히 드러나면서 읽는 사람에게 내용을 각인하는 메일이 완성되었다.

제목: [경영학과/전찬수] 코로나 공결 서류 제출

안녕하세요. 이연정 교수님.
저는 교수님의 글쓰기 수업을 듣고 있는 경영학과 1학년 전찬수라고 합니다.
제가 코로나 확진으로 이번 주 3/24(화) 수업 참석이 어렵습니다.
코로나 확진 서류를 첨부하오니 공결 처리 시 참고 부탁드립니다.
그럼 건강한 모습으로 다음 수업 시간에 뵙겠습니다. 감사합니다.

전찬수 올림

- 첨부 파일: 코로나 확진 판정 서류

그러면 회사에서 직장인들이 보내는 업무용 메일 형식은 어떻게 다를까? 결론부터 말하면 거의 다르지 않다! 업무 메일에서는 비즈니스 환경에 맞는 매너와 격식

을 갖추면서도 가독성을 높이는 것이 최대 관건이다. '제목-인사-자기소개-용건-끝인사-발신자' 순서로 작성하되 비즈니스 메일의 특성을 고려해 발신자의 명함 등을 덧붙인다.

또 비즈니스 메일의 경우 메일을 받는 수신인 외에 메일을 공유해야 하는 참조인이 있는지 미리 확인하는 것이 좋다. 결재 단계가 복잡한 공적 메일일수록 상사나 관계자에게 참조를 걸어 내용을 공유해야 하는 경우가 많다. 누락하지 않도록 사전에 꼼꼼히 챙기자.

수신: 메일을 받는 사람의 이메일 주소

참조: 메일을 공유할 사람의 이메일 주소(상사, 관계자 등)

제목: [재무팀] 프로젝트 회의록(2/20)

인사: 안녕하세요. 박순신 팀장님.

자기소개: 재무팀 이아름 사원입니다.

용건: 2월 20일 21세기 상사와 진행한 프로젝트 회의록을 전달드립니다. 첨부 파일 확인 부탁드립니다.

끝인사: 감사합니다.

발신자: 재무팀 이아름 드림

발신자 정보: 서명 혹은 명함 첨부

– 첨부 파일: 프로젝트 회의록

메일 작성 체크리스트	
항목	체크
1. 수신인/참조인 이메일 주소	∨
2. 제목	
3. 인사말	
4. 자기소개	
5. 용건(목적)	
6. 끝인사	
7. 발신자 정보(서명 또는 명함 첨부)	
8. 첨부 파일	

Q. '수고하셨습니다', '수고하세요'라는 표현이 인사말로 적절하지 않은 이유는 무엇인가요? 대신 사용할 만한 다른 인사말이 있나요?

A. 강의가 끝난 후에 교수님께 '수고하셨습니다' 또는 '수고하세요' 하고 인사하는 학생들이 있는데요. 사실 별로 좋은 인사말이 아닙니다. 때로는 불쾌하게 들릴 수도 있어요. '수고하셨습니다'는 상대방에 대한 평가로 들릴 수 있고, '수고하세요'는 '앞으로 더 열심히 하라'는 뉘앙스를 줄 수 있거든요. 혹시 이런 인사말을 무심코 써왔다면 이제부터라도 '감사합니다' 혹은 '고맙습니다', '다음 시간에 뵙겠습니다'로 바꿔보면 어떨까요?

소소하지만
'한 방'이 있는
에세이 작성법

세상에서 '나'에 관한 것만큼 흥미로운 것이 있을까? 자신의 고유한 이야기를 담은 에세이는 다양한 글의 종류 중 가장 솔직하고 재미있고 자유롭게 쓸 수 있는 글이다. 게다가 분량도 다른 글보다 적은 편이라 쓰다가 포기하는 일도 많지 않다.

그런 만큼 에세이는 쓰는 것 자체로도 큰 의미가 있다. 하지만 이왕 쓰는 것 잘 쓰면 더 좋지 않을까? 이를 위해서는 좋은 중심 글감을 찾는 일에 노력을 더하면 좋다. 많은 전문가들이 일기 쓰기 연습을 통해 에세이 쓰기 실력을 기르라고 조언한다. 무엇보다 일기 글감에서 에세이 글감에 대한 단서 찾기가 쉽기 때문이다.

이처럼 에세이는 본격적으로 글을 작성하기에 앞서 글의 청사진을 그리고, 글을 전반적으로 계획하는 단계가 핵심이다. 많은 시간이 걸리는 작업이지만, 그렇게 건져 올린 날것 그대로의 글감들을 사색과 숙고의 단계를 거쳐 잘 가공하면 에세이의 전개부를 알뜰하게 채울 수 있다.

이런 과정을 생략하면 지루한 서술만 길게 늘어놓은 사담 같은 글이 된다. 당연히 글쓴이의 진심은 어디에서도 찾아볼 수 없다. 한마디로 에세이의 8할은 글감 선택이라고 해도 과언이 아니다.

가장 평범한 것에서 가장 특별한 '글감' 찾기

이렇듯 좋은 글감을 선택하는 일은 에세이 쓰기에서 무척이나 중요하다. 하지만 글감의 중요성이 곧 '글감이 특별해야 함'을 뜻하는 것은 아니다. 평범한 글감도 자기만의 고유한 시각과 관점을 거치면 특별하게 변한다. 수많은 글 중에서 단연 빛나는 글은 나만의 시선이 담긴 글이다.

자유롭게 쓰되 지켜야 할 에세이의 전개 방식

누구도 부르지 않는 노래는 의미가 없듯이 글도 읽는 사람을 가정하고 작성된다. 에세이 또한 마찬가지다. 의미가 잘 전달되지 않아 나만 이해하는 에세이는 혼자 보는 일기에 불과하다. 그런 의미에서 에세이에서도 구성과 전개 방식은 중요하다. 문단을 적절하게 구분하고, 글을 처음-중간-마무리 단계에 따라 작성하는 것만으로도 가독성을 간단하게 높일 수 있다.

하지만 너무 당연해서일까? 상당수의 사람들이 내용에만 몰두할 뿐 정작 형식과 구성에는 큰 관심을 두지 않는다. 자유로운 형식의 글이라고 해서 마음 가는 대로 의식의 흐름대로 작성해서는 곤란하다. 짧은 에세이도 마찬가지다. 글은 짧을수록 불필요한 말이나 군더더기가 더 잘 보인다. 불필요한 표현을 과감히 버리고 글을 '물 흐르듯' 전개해 나가는 것이 에세이 쓰기의 핵심이다.

나를 바꾼 사람들

'번아웃 증후군'이란 한 가지 일에 몰두하던 사람이 극심한 스트레스로 인해 무기력증에 빠지는 현상을 말한다. 나도 그랬던 적이 있다. 좋은 성적을 유지해야 한다는 압박감 때문에 스트레스를 받았다. 주변 사람들에게 상처도 받았다. 사회적 도태는 한 사람을 사회적 죽음으로 내몰 수도 있다고 한다. 주변 사람들은 나를 피했고 내 눈치를 봤다. 2년 동안 이 문제들을 해결하려 노력했지만 변하는 것이 없었고 나는 우울감에 빠졌다. 그런 나를 구해준 세 명의 사람들이 있다.

먼저 성적에 대한 압박감을 줄여준 것은 중학교 3학년 때 담임 선생님이다. 당시에 나는 좋은 성적에 집착했었다. 담임 선생님은 그런 나에게 1년 동안 학업에만 너무 집중하지 않아도 된다고 하셨다. 학업에 집착하지 않으니 세상이 달라 보이고 마음에도 여유가 생겼다.

다음으로 나를 도와준 사람은 중학교 3학년 때 만난 친구이다. 나는 '괜찮아'라는 말이 듣고 싶었다. 내가 우울감에 빠져 있을 때 한 명이라도 그 말을 해줬으면 하고 바랐는데 그 말을 그 친구에게 처음 듣게 된 것이다. 그 뒤로 나는 고민이 있으면 그 친구에게 이야기했다. 그는 아무한테도 말하지 못하는 나의 고민을 털어놓을 수 있는 내 유일한 친구였다.

마지막으로 나를 도와준 사람은 10년 지기이다. 학교도 다르고 사는 곳도 달랐지만 우리는 자주 연락했다. 1년에 몇 번밖에 보지 못했지만, 그 친구와 연락하면서 주변에 내 편이 적어도 한 명은 있음을 알게 되었다. 학교가 끝나면 그 친구에게서 연락이 왔고

나도 친구에게 연락했다. 그 친구와 연락하는 동안은 우울감에 빠지지 않았다.

나는 사회적 도태라고 할 정도는 아니었지만 자주 우울감에 빠지곤 했다. 그리고 나는 이들을 만남으로써 우울감에서 빠져나올 수 있었다. 긍정적인 사고를 갖고 무기력한 삶에서 벗어날 수 있었다. 그러기에 나는 이 사람들에게 감사하고, 나 역시 누군가에게 그런 사람이 되고 싶다.

이 글은 자신을 우울의 수렁에서 건져준 세 사람을 소개한 아주 짧은 에세이다. 이 글의 장점은 무엇보다도 가독성 높은 전개 방식이다. 도입, 전개, 마무리로 글을 구성했고, 전개부를 다시 세 가지 핵심 글감을 중심으로 나누어 간결하고 질서 있게 글감을 기술했다. 각 글감에 대한 스토리텔링 역시 균형감이 있어서 보기가 좋다.

내용만 보면 그리 특별할 것은 없지만 처음부터 끝까지 읽는 사람을 집중력 있게 끌고 간다는 점도 훌륭하다. 자칫 중구난방으로 흩어질 수 있는 글감들이 하나의 주제를 향해 잘 정렬되어 있기 때문이다. 글쓴이가 삶의 고비를 넘으면서 느꼈을 안도감 또한 글을 읽으며 공감할 수 있다. 자신만의 고유한 시선을 담아내고, 읽는 사람에게 진심을 전했다는 점에서 긍정적으로 평가하고 싶다.

기억에 남는 단 하나의 문장

평범한 글의 공통점은 '결정적 한 방'이 부족하다는 것이다. 물 흐르듯 자연스러운 전개도 좋지만 글을 다 읽고 나서 '그래서 하고 싶은 말은 뭐지?' 하고 되묻게 해서는 안 된다. 아무리 짧은 글이라도 머릿속에 떠오르는 메시지가 단 하나도 없는 것은 곤란하다.

에세이에 필요한 한 방은 순수한 '재미'와 '감동'이다. 이 점이 부족하면 글감 선정 단계로 돌아가는 편이 낫다.

나의 생각을 바꾼 '스몰빅'

우리는 각자 자기만의 생각이나 가치관을 가지고 살아간다. 지금까지 읽었던 책 중에서 자신의 생각이나 가치관을 변화시켜 준 책이 있는가? 나는 제프 헤이든의 '스몰빅'이라는 책을 읽고 변화와 성공에 대한 생각이 바뀌게 되었다. 스몰빅에서 나의 생각을 바꾼 세 가지 단어를 지금부터 소개하려고 한다.

첫 번째 단어는 '작은 성공'이다. 이 작은 성공은 스몰빅에서 오래 기억에 남았던 존재였고, 세 가지 단어 중 나의 생각 변화에 있어서 가장 큰 영향력을 준 단어이다. 스몰빅을 읽기 전의 나의 모습을 떠올려본다면 나는 한눈에 알아볼 수 있는 커다란 변화와 성

공만을 추구했다. 또한 큰 변화들이 충족되어야만 나의 목표가 달성되었다고 생각했다. 실제로 내가 고등학교 때 시험 결과로 인해서 아쉽고 걱정했던 적이 있었다. 그 이유는 지난 시험과 결과가 비슷했기 때문이다. 이때 나는 시험 결과에 대한 큰 차이가 없었기에 목표에 대한 만족도가 낮았던 것이다. 하지만 이 일을 겪고 얼마 후에 스몰빅을 읽게 되었는데 이때 나의 생각은 변하게 되었다. 책을 읽으면서 먼저 작은 성공의 의미를 파악하고 분석해 보았으며 나의 생각과 가치관을 돌아보았다. 그리고 나는 이때의 경험을 바탕으로 지금 당장 눈에 보이는 커다란 변화가 아니더라도 조바심 내지 않기로 하였다.

두 번째 단어는 '반복'이다. 반복에 대한 내용을 읽어보면서 앞으로 내가 가져야 할 점은 끈기와 노력이라고 생각했다. 비록 지금 당장은 작은 일이더라도 끈기를 가지고 반복적인 노력을 해나간다면 이 작은 노력들이 쌓이고 쌓여 나중에는 커다란 성공과 변화를 불러일으키는 결과를 보여줄 것이다. 즉 노력은 절대 배신하지 않는다는 것이다. 그리고 나 또한 그렇게 믿고 있다.

세 번째 단어는 '동기부여'이다. 동기부여와 관련된 명언 중 G. K. 체스터턴의 "내가 성공한 것은 최고의 조언에 진심으로 귀 기울인 후 그에 얽매이지 않고 정반대를 행한 덕이다."를 보면 알 수 있다. 나는 이 명언을 다른 사람들의 조언을 적극적으로 받아들이되 각자 깨닫는 동기부여가 있어야 하며 그 동기부여를 통해 자신만의 일을 만들어 나가야 된다는 뜻으로 해석했다. 동기부여는 어떤 일을 시작할 때 꼭 필요하며 가장 중요한 요소이다. 또한 앞으로의 나 자신도 동기부여를 통해 끊임없이 성장할 수 있는 사람이 되고 싶다.

우리는 책을 읽으며 새로운 지식을 얻기도 하고 다양한 생각을 하며 성장해 나간다. 물론 앞으로 다양한 분야의 책을 읽으면서 우리의 생각은 끊임없이 변화할 것이다. 하지만 나는 이 글을 읽는 독자들에게 다시 한번 강조하고 싶은 것이 있다. 그것은 바로 작은 노력들은 반드시 커다란 성공의 밑거름이 된다는 것이다. 그리고 이 성공을 위해서는 가장 먼저 동기부여가 있어야 하며 반복적인 노력이 뒷받침되어야 한다. 그러다 보면 자신의 생각 그리고 가치관이 성장해 있음을 깨닫게 되는 순간이 올 것이다.

이 글은 '나를 바꾼 한 권의 책'이라는 주제의 '서평 에세이'다. 서평은 읽은 책에 대한 글쓴이만의 주관적인 논평이 반드시 포함되기 때문에 단순 감상만 담은 초등학교 시절 독후감과는 차이가 있다. 서평의 경우, 다수의 사람이 같은 책을 읽고 글을 작성하므로 자신만의 글을 돋보이게 할 수 있는 장치나 나만의 차별화 전략, 즉 한 방이 필요하다.

이 서평 에세이는 세 개의 핵심 키워드를 선정하고 제시한 점이 매우 특징적이다. 자신이 찾은 세 개의 키워드를 중심으로 작성했기 때문에 자칫 평범해 보일 수 있는 서평이 특별하게 느껴진다. 에세이에서 중요한 것이 글감 자체의 특별함보다 글감을 다루고 조직하는 전략과 독창적인 관점이라는 것을 다시금 느끼게 한다.

어떤 글이든 읽은 후에 단 하나의 문장도 머릿속에 남아 있지 않다면 좋은 글이라고 하기 어렵다. 그런 점에서 핵심 글감과 글의 구성이 조화를 이룬 가독성 좋은 서평 에세이라고 할 수 있겠다.

슬기로운 사회생활을
준비하는
리포트 작성법

정확한 내용을 담은 탄탄한 보고서, 가독성 좋은 깔끔한 보고서를 작성하는 일은 직장 생활의 주요 업무 중 하나다. 그런 만큼 본격적인 사회생활을 시작하기 전, 리포트 (보고서) 쓰기 또한 대학 4년 내내 반드시 수행해야 하는 중요한 과업 중에 하나다. 물론 전공과목에 따라 리포트가 조금 어설퍼도 수업 시간에 적극적으로 발표하고 참여하는 사람이 돋보이는 경우도 있다.

하지만 글로 자신을 보여주어야 하는 글쓰기 과목은 조금 다르다. 수업 시간에는 조금 과묵하지만 결과물이 단연 돋보여서 좋은 평가를 받는 경우도 많다. 글쓰기의 특성상 우직하게 앉아서 쓰고 고치고, 또 쓰고 고치는 지난한 과정을 잘 버티는 사람이 더욱 좋은 글을 쓸 가능성이 크기 때문일 것이다. 수년이 지나 제출한 학생의 이름과 얼굴은 잊었지만, 정말 잘 쓴 리포트를 받아들었을 때 필자가 받은 느낌은 시간이 흐른 지금도 아직 생생하다.

이번에는 '슬기로운 직장 생활'을 위한 초석이라고 할 수 있는 대학 생활에서의 리포트 작성법을 사례를 통해 살펴보려고 한다. '피할 수 없다면 즐기라'는 말처럼, 기왕 해야 하는 것 잘하면 좋지 않은가. 수년간 대학생들에게 리포트를 부과하고 평가해 온 내공을 토대로 리포트 작성 관련 '꿀팁'을 대방출할 예정이니 즐길 각오가 되어 있는 분들은 집중하시라.

잊을 수 없는 최악의 리포트

강의를 하면서 마주한 수많은 리포트 중에서 절대 '잊을 수 없는 최악의 리포트'에는 다음의 세 가지 공통점이 있다. 대학생 혹은 예비 대학생뿐만 아니라 사회 초년생도 보고서 작성 시 다음 세 가지만 떠올리면 최악의 보고서 작성을 피하는 데 도움이 될 것이다.

첫 번째는 '형식' 파괴 스타일의 리포트다. 글쓰기 수업에서는 여러 차시에 걸쳐 리포트 작성 형식을 가르칠 정도로, 리포트에서 형식은 큰 비중을 차지한다. 이론적으로 지켜야 하는 딱딱한 내용이지만 리포트에는 반드시 따라야 하는 일정한 구조가 있다. 그런 만큼 올바른 형식을 공부하고 지키는 것이 중요하다.

두 번째는 '주제'가 산으로 간 리포트다. 글쓰기 수업에서는 한 달 남짓 넉넉한 리포트 작성 기간을 둔다. 그리고 그 기간 동안 리포트가 엉뚱한 방향으로 가는 것을 막기 위해 교수자의 피드백을 수시로 진행한다. 긴 시간에 걸쳐 작성했는데 애초에 방향이 잘못되면 마지막에는 걷잡을 수 없이 힘들어지기 때문이다. 이렇게 리포트를 작성하는 과정은 학생, 교수자 모두에게 쉽지 않은 시간이다.

그런데 똑같이 인고의 시간을 보낸 리포트라도 막상 뚜껑을 열었을 때는 희비가 엇갈린다. 주제에 대한 교수자의 피드백을 참고해 방향을 잘 잡은 리포트가 있는가 하면, 수정 방향에 대한 조언에 전혀 귀 기울이지 않고 자기 마음대로 리포트를 완성한 경우도 적지 않다. 긴 시간이 헛되지 않으려면, 그리고 리포트가 산으로 가지 않으려면 무엇보다 첫 단추를 잘 끼워야 한다.

세 번째는 '참고문헌'이 엉망인 리포트다. 이런 리포트는 크게 두 가지 유형이다. 먼저 참고문헌이 아예 없는 경우다. 에세이와 같이 자신의 경험이나 견해가 중심이 되는 글과 달리, 학술 리포트는 풍부하고 객관적인 근거 자료가 필수이므로 반드시 참고문헌을 수록해야 한다.

또 하나는 참고문헌이 개인 블로그나 티스토리, 소셜 미디어 일색인 경우다. 리포트를 쓸 때 참고문헌을 활용하는 이유는 리포트의 객관성과 타당성을 확보하기 위해서다. 따라서 참고문헌은 저명한 학자, 해당 분야의 전문가가 쓴 책이나 논문, 공식적인 통계 등 믿을 만한 자료여야 한다. 출처조차 알 수 없는 개인 블로그 글이나 네이버 지식인, 나무위키 같은 오픈 사전은 적합하지 않다. 좋은 참고 자료는 좋은 리포트 작성의 지름길임을 명심, 또 명심하기를 바란다.

과제 제목에 좋은 리포트로 가는 답이 있다

리포트에서 가장 먼저 거쳐야 할 단계는 바로 '과제 분석'이다. 이를 위해서는 부여된 과제의 제목을 마음에 가다듬고 차분히 되새겨 보는 것이 좋다. 리포트가 요구하는 내용이 바로 이 과제 몇 줄에 오롯이 담겨 있기 때문이다. 가령 다음과 같은 과제가 부여되었다고 해보자.

"최근 한 달 이내 일간지에 실린 기사 가운데 한국 사회의 구조적 문제를 잘 드러낸다고 생각하는 사건의 보도 내용을 골라 요약하고, 그 사건이 왜 중요하다고 생각하는지 자신의 견해를 기술하시오."

이 과제에서 요구하는 것이 모두 몇 가지인지 분석해보자. 수행해야 할 미션은 모두 세 가지다.

① 한국 사회의 구조적 문제를 잘 드러내는 사건을 최근 한 달 이내 일간지에서 검색하고 선정하는 것
② 그 사건의 내용을 요약하는 것
③ 그 사건의 중요성에 대해 자신의 관점에서 견해를 기술하는 것

리포트의 주제를 파악하는 일은 너무 당연한 절차다. 하지만 똑같은 과제를 부여받고도 전혀 엉뚱한 결과물을 제출하는 학생들이 많다. 자신이 잘할 수 있거나 하고 싶은 것, 또는 그렇지 않은 것을 과제 분석 단계에서 자의적

으로 결정해 버리기 때문이다.

다시 한번 강조하지만 '자기 만족형' 리포트로는 좋은 결과를 기대하기 어렵다. 과제는 '자신'이 아닌 그 '과제를 부여한 사람'의 관점에서 분석해야 하며, 이를 평가하는 사람은 과제를 부과한 주체라는 사실을 잊어서는 안 된다. 결국 리포트는 문제-해결의 과정이다. 문제를 던져 주는 것은 '과제를 부여한 사람', 그것을 해결하는 것은 바로 '나'다.

리포트의 분량도 가능한 주어진 과제의 분량에 모자라지도 넘치지도 않게 작성하는 것이 좋다. 특히 분량이 짧은 리포트일수록 글의 메시지가 선명하게 드러나도록 두괄식으로 작성하는 것이 좋다.

보기 좋은 리포트가 읽기도 좋다

과제 분석을 마쳤다면 과제 수행에 필요한 자료를 수집하고 그 자료를 토대로 리포트의 목차를 설계해야 한다. 이때 자료 수집에 앞서 리포트 목차를 먼저 짜는 것도 괜찮다. 목차 설계와 자료 수집은 순환적으로 진행되기 때문에 사실상 두 절차는 칼로 무 자르듯 구분하기보다 적절히 병행할 수도 있다.

앞서 이야기했듯이 리포트를 구성하는 핵심 요소는 리포트의 형식이다. 그리고 이는 '목차'에 고스란히 반영된다. 긴 분량의 리포트를 큰 오차 없이, 비교적 효율적으로 평가할 수 있는 것도 목차 덕분이다. 목차만 보면 리포트에서 수행해야 할 과제를 제대로 완수했는지, 적절한 논리와 근거를 들어 과제를 풀어냈는지가 한눈에 들어온다.

따라서 분량이 적은 리포트라도 장과 절을 구분하고 리포트 전반의 전개 방식이나 흐름을 제시하려는 노력이 필요하다. 문단 구분이 글의 가독성을 높이듯 짧은 분량이라도 장이나 절을 갖추는 것이 리포트의 인상을 좋게 한다. 이렇게 형식상 좋은 인상을 남긴 리포트는 긍정적으로 읽게 되는 것이 인지상정이다.

그 반대도 마찬가지다. 형식조차 제대로 갖추지 않고 주먹구구식으로 작성한 듯한 리포트는 그것만으로도 충분히 마이너스 요인이 된다는 사실을 명심하시라.

리포트를 논리적으로 무장시키는 참고문헌

강의를 하다 보면 리포트 분량이 많아 채우기 힘들다는 하소연을 듣고는 한다. 그럴 때면 이런 의문이 떠오른다.

'과연 참고문헌에 진심이었을까?'

쓸 거리가 없다면 쓸 거리를 찾아 나서야 한다는 말이다. 일류 요리사도 냉장고에 있는 한두 가지 재료만으로는 근사한 요리를 만들어내기 어렵다. 초보, 아마추어일수록 '재료'에 힘을 주어야 한다. 그래야 재료가 가지고 있는 본연의 맛이라도 보여줄 수 있지 않겠는가.

리포트에서 참고문헌은 요리 재료와 같다. 리포트를 끌고 갈 자신만의 논리가 빈약하다면 이를 탄탄하게 뒷받침할 수 있는 자료가 반드시 필요하다. 토론에서 A라는 입장을 주장하려면 오히려 B의 입장을 더 열심히 분석하고 연구해야 하는 것처럼, 한쪽의 입장만으로는 논리력이 떨어지기 쉽다. 그러므로 반대 입장에서 작성한 논문이나 언론 보도도 함께 참고해야 한다. 이를 바탕으로 자신의 논리를 보완하는 자료를 넣어주면 더 좋다.

사용한 자료가 객관성과 전문성을 대내외적으로 인정받은 것일수록 리포트의 신뢰성도 빛을 발한다. 누가 썼는지 모를 오픈 사전보다는 공식적인 백과사전이 좋고, 개인 블로그나 소셜 미디어 글보다는 신뢰할 만한 학위논문이나 학술 논문, 기관 보고서, 공식 통계 자료가 훨씬 낫다. 이때 출처 및 인용 표시는 합법적으로 숟가락을 얹는 훌륭한 도구다.

내용만큼 중요한 제목 짓기

예쁘게 포장한 선물은 선물을 보내는 사람의 정성스러운 마음을 잘 전달할 뿐만 아니라, 받는 사람도 설레게 한다. 리포트의 '제목'은 바로 선물 포장과 같다. 설령 내용물이 보잘것없더라도 매력적인 리포트 제목은 평가하는 사람을 일단 설레게 한다. 리포트 제목을 공들여 지어야 하는 이유가 바로 여기에 있다.

물론 과제의 주제 그대로를 리포트 제목으로 해도 무방하다. 하지만 과제 제목이 너무 길거나 짧은 경우에는 새로 짓는 것이 좋다. 리포트 제목은 제목만으로도 핵심 쟁점과 전달하고자 하는 메시지에 대한 예측이 가능할수록 좋다. 형식과 내용 면에서 다음 두 가지를 명심하자.

첫째, 제목은 '구' 형식으로 짓는다. 리포트 제목을 문장형(특히 의문문)으로 짓는 경우가 많은데 제목은 아무리 길더라도 '구' 형식을 취하는 것이 좋다. 또 제목이 문장형이라도 제목 끝에는 종결 부호를 사용하면 안 된다.

둘째, 제목에 내용과 주제가 한눈에 드러나야 한다. 리포트는 다른 장르의 글과 달리 제목 자체에 주제를 온전히 담아내야 한다. 필요하다면 부제를 사용해도 괜찮다. 제목으로 리포트에 대한 호기심을 자극하려 하기보다 주제를 압축적으로 요약한다는 생각으로 접근해야 한다. 학술 리포트에서 제목은 내용과 주제를 일목요연하게 보여주는 기능을 한다. 따라서 소설이나 수필 제목처럼 읽는 사람의 호기심을 유발하거나 짧고 추상적일 필요가 없고, 오히려 길고 구체적일수록 좋다.

학생들이 지은 실제 리포트 제목을 통해 갖추어야 할 기본 형식과 내용을 점검해 보자.

부족한 제목	인종 차별은 지양되어야 한다.
	GMO에 대해 얼마나 아시나요?
	마블 영화는 왜 성공하는가?
	모바일 지급 결제 시스템이란?
	한국 대학 내 중국인 유학생
	한국의 소수자 연구
적절한 제목	한국어에 나타나는 인권 차별 양상 - 장애인과 인종 차별 언어를 중심으로 -
	GMO의 효용성 분석 및 개발 방향에 대한 고찰
	마블 영화 산업의 성공 요인과 한국 영화 산업의 개선 방안에 대한 연구
	핀테크 발전에 따른 현금 없는 사회로의 전환과 그 과제 - 모바일 지급 결제 서비스를 중심으로 -
	대학 내 중국인 유학생에 대한 부정적 인식의 실태와 해소 방안
	한국 교과서에 나타난 소수자 관련 교육에 대한 연구 - 미국과의 비교를 통하여 -

Q. 리포트를 쓸 때 출처 인용 표시만 하면 아무리 많은 분량을 인용해도 괜찮은가요? 표절을 판정하는 양적 기준이 궁금합니다.

A. 주요 단어를 중심으로, 여섯 단어 이상의 연쇄적인 표현을 출처 표시 없이 가져다 쓰면 표절로 간주합니다. 그리고 출처를 표시했더라도 인용한 양이나 내용이 정당한 범위, 즉 보통 한 문단 정도를 넘어서는 경우에도 표절이 될 수 있으니 주의하세요. 다만 반드시 해야 하는 인용인데 분량이 길 경우에는 정당한 절차에 따라 저작권자의 인용 허가를 받아 사용하면 됩니다.

혹시 내 글이 표절인지 아닌지 염려된다면 '카피킬러'[*] 같은 프로그램을 통해 직접 표절 검사를 해볼 수도 있습니다. 교육부, 한국연구재단 정책 연구 보고서를 통해 보다 자세한 내용을 알 수 있으니 참고해 보세요.[**]

---

[*] https://www.copykiller.com/
[**] 정종진, 최선경, 하병학(2014). 학습윤리 가이드. 국가과학기술인력개발원. 교육과학기술부(훈령 제 263호, 2018.07.17. 개정). 연구윤리 확보를 위한 지침. 이인재(2015). 연구윤리의 이해와 실천. 서울: 동문사.

키워드로
작성하는
A+ 답안지 작성법

이번에는 A+ 받는 시험 답안 작성 요령에 대해 이야기해
보자. 리포트와 더불어 대학 생활에서 중요한 것이 바로
시험이다. 특히 대학 시험의 경우 고등학교 때처럼 선다
형이 아니기 때문에 서술형 문제를 받고 당황하는 신입
생들이 적지 않다.

공부한 것을 논리적으로 잘 풀어내야 한다는 점에서
답안 작성 또한 리포트 작성과 비슷하다. 리포트에 갖추
어야 할 요건이 있는 것처럼 답안 작성을 할 때도 지켜야
할 기본적인 법칙이 있다. 익혀 두고 떠올린다면 '슬기로
운 대학 생활'을 위한 기본이 되어줄 것이다.

채점 기준은 시험 문제 안에 있다

시험 점수는 무엇으로 판가름 날까? 바로 '시험 문제에서 요구하는 과제를 모두 수행하고 있는가'다. 즉 '문제에서 요구하는 답을 모두 다 썼는가'가 핵심이다. 만약 시험에서 대상의 개념과 사례를 기술하라고 했다면 전반적인 설명과 함께 구체적인 사례를 함께 들어야 한다. 또한 어떤 현상의 문제점을 '세 가지 이상' 제시하라고 요구했다면 답안이 두 가지 이하여서는 안 된다.

시험 문제의 의도와 핵심이 무엇인지 명확히 파악하고, 그에 충실한 답을 작성하는 것은 답안 작성의 기본이다. 아무리 길게 작성했더라도 알맹이가 빠진 답안은 좋은 점수로 이어지지 않는다. 모든 시험 문제는 출제자의 의도와 목적을 가지고 있으며, 시험에서는 아무리 작아 보이는 것도 사소하지 않다는 점을 명심하자.

간추린 키워드를 보면 문제 이해도가 보인다

전공 시험에서는 특정 개념을 예로 들어 설명하라거나 정의하라는 문제가 자주 출제된다. 전공과목일수록 해당 전공에서 전문적으로 다루는 개념어나 어휘가 있으므로 이를 답안지에 충분히 노출하는 것이 좋다. 물론 해당 주제와 관련이 있는 것이어야 한다.

전공 시험의 경우에는 시험 문제에서 요구하는 개념을 설명하기 위해 필연적으로 함께 도출해야 하는 표현이나 키워드가 있다. 출제자는 이를 통해 답안 작성자가 해당 문제를 충분히 이해하고 있는지와 더불어 효과적으로 기술하는 능력을 갖추었는지도 평가한다.

답안은 읽는 사람이 있는 글쓰기다

답안 작성에도 지켜야 할 일정한 형식이 있다. 가령 답안 작성을 노트 필기하듯이 개조식으로 작성하는 경우가 있다. 개조식이란 문장이 아닌 '구'나 '단어'를 나열하며 글을 맺는 방식으로, 답안은 반드시 서술형으로 끝을 맺어야 한다. 답안 작성 전, 쓸 내용을 간단히 메모하는 것은 상관없지만 본격적인 답안 작성은 문장형으로 해야 한다. 또한 공적인 성격의 답안지에 '-아/어요, -습니다' 등의 구어체로 문장을 끝맺는 습관도 반드시 버려야 한다.

단문과 복문을 적절히 혼합해 기술하는 것도 중요하다. 모든 문장을 짤막한 단문으로만 구성해서는 전문 지식을 객관적이고 심층적으로 풀어내는 데 한계가 있다. 답안은 평가하는 사람을 염두에 두어야 하는 글쓰기다. 혼자 읽는 노트 필기와는 다르다. 서술형 답안은 '문장형'과 '(반말)문어체'로 작성해야 한다는 점 명심하시길!

양도 늘리고 '있어 보이게' 만드는 작성 팁

모든 글에 적정한 분량이 있듯 답안도 마찬가지다. 문제에 따라 원하는 분량이 다르므로 정확한 분량을 특정할 수는 없지만, 너무 짧으면 성의 없다는 인상을 줄 수 있다. 만약 답안의 분량이 너무 적을 것 같다면 기술할 내용에 순서를 정하거나 전개 방식에 공을 들여보자.

열거식으로 기술을 하면, '첫째, 둘째… 마지막으로' 등 순서를 제시하는 담화 표지가 들어가기 때문에 자연스럽게 작성 분량도 늘릴 수 있고, 구성에 체계가 생겨서 가독성도 높아진다. 단계별로 답안을 기술하는 행위는 작성 내용과는 별개로 답안이 '있어 보이는' 효과를 준다. 꼭 필요한 내용만을 기술하는 것도 기본적으로는 훌

룡하다. 그러나 문제와 관련 있는 범위 안에서 가진 지식을 뽑내는 것 또한 시험 답안 작성의 미덕이다.

이야기를 푸는 방식이 논리를 더한다

다소 차이는 있겠지만 답안 작성은 일종의 문제 해결의 과정이다. '설명, 서술, 정의, 비교/대조, 요약, 예시, 문제 해결' 등 시험 문제가 요구하는 주제와 핵심 내용에 어떤 전개 방식이 어울리는지 판단하는 것도 중요하다. 내용 전개에 이상적인 텍스트 구조와 알맞은 접속어를 사용하는 것도 답안을 잘 작성하는 핵심 요소다.

답안의 글자가 날아다니면 성적도 함께 날아간다

리포트와 답안의 가장 큰 차이점은 컴퓨터로 작성하느냐 손으로 쓰느냐다. 따라서 아무리 잘 쓴 답안이라도 필체가 알아보기 힘들 정도여서는 곤란하다. 가독성이 떨어지는 답안은 평가하는 사람의 피로도를 높여 부정적 요인으로 작용할 수 있다.

스스로 악필이라고 생각한다면 지금부터라도 글씨를 깨끗하게 쓰는 연습을 시작하자. 단번에 예뻐지지는 않더라도 최소한 가독성을 높이는 데는 확실히 도움이 될 것이다. 답안도 '기왕이면 다홍치마'다!

답안 작성 체크리스트	
항목	체크
1. 문제가 요구한 답변을 모두 했는가?	∨
2. 문제 유형 및 출제 의도를 정확히 파악했는가?	
3. 질문이나 지시 사항을 제대로 이해했는가?	
4. 애매모호하지 않도록 분명하고 정확하게 설명했는가?	
5. 문제가 요구하는 내용 전개 방식과 그에 적합한 표현을 사용했는가?	
6. 개조식이 아닌 문장식으로 기술했는가?	
7. 문장은 단문과 복문을 적절히 혼합했는가?	
8. 답안의 분량이 빈약하지 않고 적당한가?	
9. 답안을 맥락에 맞게 적절한 형식에 따라 기술했는가?	
10. '설명, 서술, 정의, 비교/대조, 요약, 예시, 문제 해결' 등 답안 작성에 적합한 기술 방식을 취했는가?	
11. 글의 흐름이 논리적이고 설득력 있는가?	
12. 글씨(체)가 내용을 알아보기에 무리 없는가?	

Q. 시험 답안을 잘 쓰려면 출제 문제를 미리 예상해 보는 것도 좋을 것 같아요. 예상 문제는 어떻게 정리하면 될까요?

A. 전공 시험에 어떤 문제가 출제될지 감이 안 올 때는 해당 전공 교수님의 최근 관심사를 파악하는 것도 도움이 됩니다. 이를 알 수 있는 방법은 아주 간단해요. 최근에 집필한 논문 목록을 검색해 보는 거죠. 같은 전공이라도 교수님마다 주력으로 연구하는 주제가 다르거든요. 시기에 따라서도 다르고요. 그러니 최신 논문을 검색해 보는 거예요. 혹시 아나요? 운 좋게 검색한 논문과 관련 있는 문제가 시험으로 출제될지요.